Ricardo Madureira

CRASE

Aprenda Definitivamente

EDITORA CIÊNCIA MODERNA

Crase - Aprenda Definitivamente

Editor: Paulo André P. Marques
Produção Editorial: Dilene Sandes Pessanha
Capa: Daniel Jara
Diagramação: Daniel Jara
Copidesque: Equipe Ciência Moderna

FICHA CATALOGRÁFICA

MADUREIRA, Ricardo.

Crase - Aprenda Definitivamente

Rio de Janeiro: Editora Ciência Moderna Ltda., 2025.

1. Educação Elementar - Gramática
I — Título

ISBN: 978-65-5842-465-9 CDD 372.61

Editora Ciência Moderna Ltda.
R. Alice Figueiredo, 46 – Riachuelo
Rio de Janeiro, RJ – Brasil CEP: 20.950-150
Tel: (21) 2201-6662/ Fax: (21) 2201-6896
E-MAIL: LCM@LCM.COM.BR
WWW.LCM.COM.BR

06/25

Dedicatória

À Maria do Socorro Madureira, Amada Mãe e Amiga
In Memoriam

Elegia (fragmentos)
Cecília Meireles (1901-1964)

Minha primeira lágrima caiu dentro dos teus olhos.
Tive medo de a enxugar: para não saberes que havia caído.

No dia seguinte, estavas imóvel, na tua forma definitiva,
modelada pela noite, pelas estrelas, pelas minhas mãos.

Exalava-se de ti o mesmo frio do orvalho; a mesma
claridade da lua.

Vi aquele dia levantar-se inutilmente para as tuas
pálpebras, e a voz dos pássaros e das águas correr,
sem que a recolhessem teus ouvidos inertes. (...)

Inclinei-me sobre o teu rosto, absoluta, como um espelho,
E tristemente te procurava.
Mas também isso foi inútil, como tudo mais.

(...)

Minha tristeza é não poder mostrar-te as nuvens brancas,
e as flores novas como aroma em brasa,
com as coroas crepitantes de abelhas.

(...) é não poder acompanhar contigo
o desenho das pombas voantes,
o destino dos trens pelas montanhas (...)

Teus olhos sorririam,
agradecendo a Deus o céu e a terra:
eu sentiria teu coração feliz
como um campo onde choveu.

A Camões

Manuel Bandeira (1886-1968)

Quando n'alma pesar de tua raça
A névoa da apagada e vil tristeza,
Busque ela sempre a glória que não passa,
Em teu poema de heroísmo e de beleza.

Gênio purificado na desgraça,
Tu resumiste em ti toda a grandeza:
Poeta e soldado... Em ti brilhou sem jaça
O amor da grande pátria portuguesa.

E enquanto o fero canto ecoar na mente
Da estirpe que em perigos sublimados
Plantou a cruz em cada continente,

Não morrerá sem poetas nem soldados
A língua em que cantaste rudemente
As armas e os barões assinalados.

Em "*As Cinzas das Horas*" (1917)

Introdução (Necessária)

Leia, se você deseja aprender...

Muitos leitores têm o mau hábito de não ler introduções. É bem verdade que algumas não passam de palavrório, e o leitor já se habituou à ideia de que o que realmente interessa está nos capítulos propriamente ditos. Assim, adverti-os acima, porque, desde a introdução, precisamos repassar algumas noções que facilitarão sua leitura desde o primeiro capítulo.

Primeiramente: posso dizer "empregar a crase"?

Crase é o nome da **fusão** de "a" + "a", isto é, da **preposição** e do **artigo**, respectivamente (sem mais detalhamentos, por enquanto); usamos, para indicar a ocorrência de tal fusão, o **acento grave** (desnecessariamente também chamado de "acento indicativo de crase"). Por razões didáticas, e de simplificação, neste livro falaremos "crase" ou "acento grave", ou ainda, "acento indicativo de crase", a maior parte do tempo, tudo como uma coisa só.

Somente nos casos em que o "a" faz parte de **locuções** (**adverbiais**, **prepositivas** e **conjuntivas**), falaremos sempre que possível em "acento", porque, nelas, de modo geral, não ocorre a referida **fusão** (isto é, a crase em si). Em tais locuções, o acento tem a simples função de assinalar claramente que o "a" é uma **preposição** que não deve ser confundida com o **artigo definido** "a". "Crase onde não ocorre crase", é isto? Não seria contraditório? Seria... Então, melhor dizer que, nas locuções, ocorre apenas o "acento grave" (não a crase propriamente dita).

A crase e as funções sintáticas

A crase (ou, às vezes, apenas o acento grave) só ocorre no "a(s)" que encabeça as seguintes **funções sintáticas:**

Objeto Indireto
Complemento Nominal
Adjunto Adverbial

Seria muito útil se você já apreender, desde já, estes dois princípios básicos: nunca ocorre crase no "a(s)" que precede o:

Sujeito
Objeto Direto

O "a(s)" que introduz estes termos é simples/mero **artigo definido**.

Em tempo: quando dissermos "simples/mero **artigo definido**" ou "simples/mera **preposição**", queremos dizer que não ocorre "a" + "a(s)" (a tão falada **fusão**, a **crase** em si), ou seja, não há duas palavras "fundidas" (apenas uma delas estará em jogo).

Conhecimentos Preliminares

Para entender a **crase**, você precisará de um mínimo de noções de **nomenclatura gramatical** (além das mencionadas acima), por exemplo:

Verbo Transitivo Direto/Indireto
Objeto Indireto

Preposição
Artigo Definido
Pronome..., etc.

Mas não se preocupe: tais conceitos são tratados nesta obra com muita clareza, em linguagem simples e didática. Se você os esqueceu, cremos que a leitura atenta de nossas dicas ajudará a recordar. Além disso, você pode consultar uma boa gramática escolar (atenção: não aquelas destinadas aos cursos de graduação em Letras, pois são muito densas e técnicas).

O teste do masculino resolve tudo?

Quem domina um pouco do assunto, deve se lembrar da regrinha mágica: se ocorre "ao" no masculino, sempre ocorre **crase** no feminino. Mas será que essa "máxima" resolve tudo?

Quando ocorre a crase propriamente dita (**fusão** de "a" + "a[s]"), sim, sem exceção (nem "umazinha" sequer!). Empregue o **acento grave**/a **crase** sem medo.

Já quando ocorre apenas o **acento**, usado convencionalmente para assinalar que o "a" não é **artigo definido**, e sim **preposição** (isso ocorre nas **locuções** a que nos referimos acima), nem sempre (ou quase nunca) ajuda; então é melhor não recorrer ao referido teste, pois funciona em tão poucos casos, que acaba falhando como regra. Que complicação! Não... não se preocupe: apesar disso, tais locuções são pouco numerosas na língua (as "craseadas"): se você simplesmente praticar bastante, acabará aprendendo, pela repetição atenta.

Além disso, dominando a regra de ouro da substituição pelo masculino, para verificar a ocorrência de "a" + "o(s)" = "ao(s)", você praticamente empregará bem o acento em quase tudo o que escrever.

Existem muitas regras para a ocorrência da crase?

Na verdade, não. Se você entender a "operação" "a" + "a(s)", vai perceber que, no fundo, não seria necessário estudar os casos em que não ocorre a **crase** ou, dito de outra forma, onde o acento é proibido. Vejamos um só exemplo: não ocorre crase antes de verbo. Por quê? Simplesmente porque verbos não são antecedidos de artigo definido "a"; logo, falta uma das duas condições para o acento (a segunda condição: presença do artigo).

Os casos facultativos são exceções?

Não. Basta voltar ao princípio geral, a tal "regra de ouro": não é uma "complicação" a mais (de mais) no assunto. Empregue o teste do masculino, como em todos os demais casos (novamente, exceto na **locução prepositiva**, na **adverbial** e na **conjuntiva**) (a propósito desta última, existem apenas duas locuções craseadas... não é fácil?).

Além disso, só existem três casos facultativos, antes que se diga que gramática é chata porque tem muitas exceções. Bem... nem sempre! Muitas vezes é desculpa de quem não gosta de estudar (ou não quer, ou as duas coisas juntas.). Cuidado com a autossabotagem!

E quanto aos casos especiais?

Também existem apenas três casos "especiais"; são assim tratados porque, para ficar em apenas um exemplo, divergem entre o português europeu e o brasileiro. Nada de mais. Basta dar uma atenção especial a eles que você entenderá tudo, sem mais complicações.

Vale a pena ou (à pena) me dedicar a este assunto?

Sim, a **crase** é um dos assuntos mais cobrados em concursos, provas seletivas (para acesso a universidades, públicas ou privadas, etc.), então não caia na conversa mole de que "o importante é comunicar" ("Na teoria, a prática é outra!", não sei quem dizia). A língua escrita não prescinde de suas normas de forma tão simples quanto a fala espontânea (se é que prescinde até mesmo no menor grau). São domínios completamente distintos, e esteja certo de que, na sua prova ou redação, haverá sempre um corretor com olho de águia tentando detectar um acento grave empregado indevidamente, pois isso é... grave!

A propósito, respondendo à pergunta desta seção... sim, vale a pena (sem crase) estudar o assunto. Nesta expressão, por exemplo, o "a" é mero **artigo definido**, pois "a pena", ou seja, a "penalidade" de ter que estudar é válida, será recompensada (vem desta outra expressão: "Paga a pena", tal coisa "paga/não paga a pena"); dito de outra forma, "vale a pena" significa o mesmo que "vale o esforço" (esforçar-se às vezes é duro como cumprir uma penalidade).

À guisa de conclusão...

"À guisa de" é uma **locução** desusada modernamente (empreguei-a propositalmente). As **locuções prepositivas** formadas por núcleo/palavra feminina, e iniciadas por "a" são, em sua absoluta maioria, craseadas. Em tempo: "à guisa de" quer dizer "À maneira de"...

A propósito de despedida, antes que o leitor embarque nos seus estudos, desejamos-lhe uma leitura proveitosa, que valha a pena, que a empreitada não lhe seja muito penosa!

Ficaremos agradecidos pela crítica que o leitor, porventura, queira nos dirigir, partindo da ideia de que toda obra pode ser aperfeiçoada.

Bons estudos!

O Autor

Sumário

1. A Palavra "A" em Português

Em português, a palavra "a" (sim, palavra!) pode pertencer às seguintes **classes gramaticais**:

* ***ARTIGO DEFINIDO*** → quando determina um **substantivo**:

Você sabe onde fica *a* rodoviária?

* ***PREPOSIÇÃO*** → quando liga duas palavras, subordinando-as e estabelecendo entre elas determinadas relações de sentido (**relações semânticas**):

Fomos *a* pé. (meio)
Eu respondi *a* ele. (destinatário)
Passou as roupas *a* ferro. (instrumento).
Horário: de segunda *a* sábado. (tempo)
A reunião será daqui *a* uma hora. (tempo)

* ***PRONOME DEMONSTRATIVO*** → quando equivale a "aquela":

Entre as alunas, *a* que está de azul é a mais estudiosa. ("... *aquela* que está...")

* ***PRONOME PESSOAL (OBLÍQUO ÁTONO)*** → Quando substitui o **substantivo** (próprio ou comum):

Denise? Sim, eu *a* conheço (ou: "Sim, eu conheço-a") (a = Denise)
A caneta? Desculpe, acho que *a* perdi. (= caneta)

É fácil reconhecer o "a(s)" nessa função, pois, na fala espontânea, coloquial, empregamos "ela(s)":

A mãe da Denise? Sim, eu *a* conheço. → ... Sim, eu conheço *ela*.
Denise e sua mãe? Sim, eu *as* conheço. → Sim, eu conheço *elas*.

DEFINIÇÃO DE CRASE

Termo Regente e Termo Regido

Observe o exemplo a seguir:

Eu sou alérgico | *a* chocolate.

A palavra destacada à esquerda do "a" é denominada **termo regente** ou **antecedente**, isto é, ela **rege** (requer, exige) obrigatoriamente a **preposição** "a" ("quem é alérgico, é alérgico *a* algo"); em outras palavras: não é possível construir a frase sem a referida **preposição**.

Já a palavra à direita é o **termo regido** ou **consequente**, "encabeçado", introduzido pela **preposição**. Note-se que a palavra "chocolate" é masculina (admite o **artigo definido** "o": "o chocolate"); temos, portanto, que, antes de "chocolate" ocorre apenas a **preposição** "a", já que o **artigo definido** não foi empregado, pois estamos nos referindo a "chocolate" de forma generalizada, não específica.

Compare:

Sou alérgico *ao* chocolate produzido por esta empresa.
(**preposição** "a" + **artigo definido** "o" = "ao")

Observe, agora, os exemplos abaixo:

Ele foi *a* | o supermercado. (**preposição** "a" + **artigo definido** "o" = "ao")
O rapaz foi *a* | a festa. (**preposição** "a" + **artigo definido** "a" = "aa")

No primeiro exemplo, ocorre a **preposição** "a" combinada com o **artigo definido** masculino "o" ("ao" é a **combinação** dessas duas palavras); no segundo, ocorre o mesmo: a **preposição** "a", exigida pelo **termo regente** ("quem vai, vai *a* algum lugar") vem antes do **artigo feminino** "a", admitido pelo **substantivo** "festa", resultando em "aa" (é assim que se escrevia antigamente... Mas... não mais!).

CONCLUSÃO → AA(S) = À(S) [**crase** é a **fusão** de "a" + "a(s)"]

AS DUAS CONDIÇÕES

Só ocorre **crase** (a **fusão** em si) diante de duas condições obrigatórias e simultâneas:

1. quando existe um **termo regente** que rege (exige, requer), obrigatoriamente, a **preposição** "a";
2. seguido de uma palavra feminina que admita o **artigo definido** "a(s)".

Daí, portanto, é descabido o acento de **crase** (**acento grave**) antes de palavras masculinas (neste caso, ocorre "ao" → "a" + "o"), e não "à" ("a" + "a"); também é descabido diante de **verbos**, naturalmente porque estes não admitem **artigo**, cuja função é determinar ou indeterminar **substantivos**.

Muitas vezes, desdobra-se o estudo da crase em uma infinidade de "casos proibidos", "facultativos", "especiais", etc., quando podemos, simplesmente, observar se falta uma das condições para sua ocorrência:

O bebê começou | *a* chorar.

(O "a" é simples **preposição** — falta a segunda condição — o **artigo definido feminino** "a", pois este não ocorre antes de **verbo** ("chorar").

Fizemos o percurso | *a* cavalo.

(Simples **preposição** — falta também a segunda condição — naturalmente, não ocorre **artigo definido** "a" antes de palavra masculina.)

O rapaz abraçou | *a* mãe.

(O "a" é simples **artigo** — falta a primeira condição — o **verbo** "abraçar" não **rege**, isto é, não exige a **preposição** "a").

Em tempo: "abraçar" é um **verbo transitivo direto**, isto é, seu **complemento** (o **objeto direto**) é introduzido sem intermédio de **preposição**; logo, o "a" que se segue a tais tipos de verbos é simples **artigo definido** e, portanto, nunca craseado, sem exceção.

Quando se trata de **objeto direto**, este pode ser substituído pelo **pronome pessoal oblíquo átono**:

O rapaz abraçou | *a* mãe. → O rapaz *a* abraçou. (ou: "abraçou-*a*")
OD

REGRA PRÁTICA

Em muitos casos, para saber se ocorre **crase**, basta substituir a palavra feminina por uma masculina; se ocorrer "ao", o **acento de crase** (**acento grave**) é obrigatório no feminino.

Compare:
Ele foi | *a* biblioteca. (ocorre **crase**?)

Vamos substituir "biblioteca" por "laboratório":
Ele foi *a* | o laboratório. ("foi *ao* laboratório")

CONCLUSÃO → Se ocorre "ao" antes da palavra masculina "laboratório", logo ocorre **crase** antes da palavra feminina "biblioteca", obrigatoriamente: "Ele foi à biblioteca".

Observações:

1. Do exposto, concluímos, obviamente, que só ocorre **crase** antes de palavras femininas (às vezes, subentendidas).
2. Quando se trata de **crase regencial**, isto é, quando o **termo regente/antecedente** exige a **preposição** "a", o "macete" da substituição do feminino pelo masculino nunca falha: ocorreu "ao" no masculino? Então... crase no "à", sempre!

3. Quando se trata de **crase não regencial**, tal recurso (a substituição pelo masculino) não é um artifício muito útil. Trata-se de casos que devem ser estudados separadamente, explicados por outros princípios, como se verá na segunda parte deste livro.

Antes de prosseguirmos, considere mais este exemplo:

Ele visitou | *a* biblioteca. (tem **crase**?) (substituição pelo masculino: "... visitou *o* laboratório")

Como, na substituição, não ocorreu a **combinação** "ao" ("a" + "o"), mas apenas o **artigo definido** "o", a resposta é:

Ele visitou | *a* biblioteca.

(Aqui, o "a" é simples **artigo definido**; lembre-se: "Ele visitou-*a*."/"Ele *a* visitou.")

Exercícios de Aprendizagem

1 - Classifique os "as" nas frases seguintes:

1. A de vermelho é minha irmã.
2. A moça de vermelho é minha tia.
3. A farmácia estava fechada.
4. A gata do vizinho fugiu.
5. A que está no mostruário está em oferta.
6. A blusa que está no mostruário está em promoção.
7. Àquela hora, a rua estava completamente deserta.
8. Eu já entreguei o embrulho a ela.
9. Eu a encontrei no aeroporto de Belo Horizonte.
10. Receoso, fiz o teste de Matemática a lápis.
11. Nós a convidamos para o nosso baile.

12. O depoente não a reconheceu.
13. O depoente não reconheceu a moça.
14. Sua mochila parece a que ganhei.
15. Sua mochila se parece com a que ganhei.
16. Passávamos apenas a pão e água.
17. A universidade está temporariamente em greve.
18. Você sabe em que bairro fica a universidade?
19. A escola, encontrou-a fechada para reformas.
20. A assembleia começará daqui a uma hora.

2 - Distinga o "a" nas frases a seguir: (A) artigo ou (P) preposição:

1. Direi a meu pai tudo que sei.
2. Não direi nada a ninguém.
3. A festa de aniversário foi divertida.
4. Eu não irei a essa festa.
5. Entreguei o pacote a eles.
6. Fomos para o sítio a cavalo.
7. Ele ainda não viu a peça no teatro.
8. Estamos aguardando a resposta.
9. Vá até a janela, por favor, e observe.
10. Onde fica a rodoviária, por favor?
11. Vou a Brasília em férias.
12. Sempre vou a São Paulo em férias.
13. A Bahia é um lindo Estado brasileiro.
14. Vou a Salvador no carnaval.
15. Viajarei a Roma em excursão de férias.

3 - Faça o teste da substituição pelo masculino, permutando a palavra destacada pela palavra masculina dada entre parênteses e empregue o acento de crase, se necessário; lembre-se das correlações:

A $\rightarrow$ A(S)/O(S) = A(S) (sem acento)

A → AO(S) = À(S) (craseado)

1. Os funcionários compareceram *a* reunião. (encontro)
2. O aluno faltou *as* provas. (exames)
3. O professor corrigiu *as* provas. (testes)
4. A moça foi *a* porta ver quem era. (portão)
5. Com receio, ela abriu *a* porta. (portão)
6. O autor dedicou o livro *a* professora. (professor)
7. O poeta dedicou o poema *a* ela. (ele)
8. Ouvíamos atentos *as* explicações do professor. (argumentos)
9. Os alunos eram contrários *a* paralisação. (movimento)
10. Os alunos reprovavam *a* greve. (movimento grevista)
11. Iremos *a* uma cidade belíssima. (lugar)
12. Chegaremos *a* cidade ao anoitecer. (vilarejo)
13. A obra *a* que você se refere está em oferta. (livro)
14. A mulher *a* qual você se refere é minha esposa. (homem)
15. Todos éramos favoráveis *a* decisão. (acordo)
16. Sou grato *a* professora por sua contribuição. (professor)
17. A moça tinha verdadeiro horror *a* aranha(s). (escorpião/-ões)
18. "Não estacione: sujeito *a* multa", dizia a placa. (tributo)
19. Ele deu um presente caro *a* namorada. (namorado)
20. Ele não gosta de ir *a* missas. (cultos)
21. Ela vai religiosamente *as* missas de domingo. (cultos)
22. Dedicou toda a vida *a* carreira docente. (ofício)
23. Cidadãos honestos são obedientes *a* lei. (código)
24. "Fumar é prejudicial *a* saúde", adverte o ministério. (organismo)
25. Todos sabem que fumar prejudica *a* saúde. (organismo)
26. Ele era completamente avesso *a* críticas. (fuxicos)
27. Ele não ficou indiferente *as* críticas feitas. (comentários)
28. O rapaz simplesmente ignorava *as* críticas. (comentários)
29. O rapaz tinha verdadeira devoção *a* mãe. (pai)

30. A moça tinha muito amor *as* irmãs. (irmãos)

Exercícios de Fixação

1 - Reproduzimos, a seguir, todas as frases do exercício anterior. Diga se o "a" constitui: fusão (crase) (C), simples artigo (A) ou simples preposição (P):

Atenção: Onde cabível, o acento de crase foi omitido, por finalidades didáticas.

1. Os funcionários compareceram *a* reunião.
2. O aluno faltou *as* provas.
3. O professor corrigiu *as* provas.
4. A moça foi *a* porta ver quem era.
5. Com receio, ela abriu *a* porta.
6. O autor dedicou o livro *a* professora.
7. O poeta dedicou o poema *a* ela.
8. Ouvíamos atentos *as* explicações do professor.
9. Os alunos eram contrários *a* paralisação.
10. Os alunos reprovavam *a* greve.
11. Iremos *a* uma cidade belíssima.
12. Chegaremos *a* cidade ao anoitecer.
13. A obra *a* que você se refere está em oferta.
14. A mulher *a* qual você se refere é minha esposa.
15. Todos éramos favoráveis *a* decisão.
16. Sou grato *a* professora por sua contribuição.
17. A moça tinha verdadeiro horror *a* aranha(s).
18. "Não estacione: sujeito *a* multa", informava a placa.
19. Ele deu um presente caro *a* namorada.
20. Ele não gosta de ir *a* missas.
21. Ela vai religiosamente *as* missas de domingo.
22. Dedicou toda a vida *a* carreira docente.

23. Cidadãos honestos são obedientes *a* lei.
24. "Fumar é prejudicial *a* saúde", adverte o ministério.
25. Todos sabem que fumar prejudica *a* saúde.
26. Ele era completamente avesso *a* críticas.
27. Ele não ficou indiferente *as* críticas feitas.
28. O rapaz simplesmente ignorava *as* críticas.
29. O rapaz tinha verdadeira devoção *a* mãe.
30. A moça tinha muito amor *as* irmãs.

2 - Distinga o "a(s)": artigo (A), pronome pessoal (do caso oblíquo átono) (PP) ou pronome demonstrativo (PD):

1. Essas desculpas, eu não as aceito.
2. As desculpas não foram aceitas.
3. O rapaz não a reconheceu.
4. A moça não o reconheceu tampouco.
5. A que está usando um colar é minha mãe.
6. A moça que está de verde é minha namorada.
7. Minha mãe e minha namorada, eu as amo muito.
8. Ambas são bonitas, mas prefiro a de azul.
9. As que estão brincando no pátio são minhas filhas.
10. O professor não as convidou para o baile.
11. Eu as convidei para o evento, mas elas não vieram.
12. Convidei as alunas, mas elas recusaram o convite.

3 - Como no exercício anterior: (A) artigo, (PP) pronome pessoal ou (P) preposição:

1. O professor repreendeu *as* crianças.
2. O professor *as* repreendeu pelo mau comportamento.
3. *A* filha, sua mãe *a* confortou com carinho.

4. O pai confortou *a* filha e *a* esposa; ele *as* acalmou.
5. *A* professora ainda não corrigiu *as* provas.
6. *As* provas, *a* professora já *as* devolveu *a* nós.
7. Fiz *a* proposta *a* ela, mas ela *a* recusou sem pensar.
8. *A* professora disse que não contaria nada *a* meu pai.
9. (DIÁLOGO) A: Você viu *a* Sílvia? B: Não, eu não *a* vi.
10. *A* aluna não fez *a* tarefa que *a* professora solicitou.
11. Não conte *a* ninguém *a* história. Quero que *a* guarde em segredo.
12. *A* aluna não quis fazer *a* prova *a* lápis. Preferiu fazê-la *a* tinta.
13. (DIÁLOGO) A: Se você *a* vir, dê-lhe meu recado. B: Eu *a* verei amanhã.
14. Ela disse para *a* mãe que iria *a* uma reunião, mas sua irmã *a* desmentiu.
15. *A* irmã lhe pediu que não *a* desmentisse mais perante *a* mãe.

4 - Preencha os espaços com *a(s)* ou à(s)**:**

1. "Fumar é nocivo ___ saúde!", advertiu-me o médico.
2. "Não estacione: sujeito ___ multa", informava a placa.
3. A criança ___ qual você se refere é meu filho.
4. A moça nutria grande devoção ___ professora.
5. A professora devolveu ___ provas.
6. A professora era completamente avessa ___ críticas.
7. A profissional dedicou sua vida ___ docência.
8. Cidadãos desonestos são desobedientes ___ lei.
9. Ela reagiu ___ maledicências dos colegas com indiferença.
10. Ele comparece religiosamente ___ missas dominicais.
11. Ele deu ___ namorada um presente barato.
12. Ele presenteou ___ namorada com um presente caro.
13. Eu não irei ___ reunião do sindicato.
14. Iremos ___ belíssima cidade de São Paulo.
15. Mamãe abriu ___ janela para arejar a casa.
16. O consumo excessivo de álcool prejudica ___ saúde.

17. O escritor dedicou o livro ___ amiga.
18. O pai devotava muito amor ___ filhas.
19. O poeta dedicou o poema ___ uma admiradora.
20. O produto ___ que você se refere está em falta.
21. O professor menosprezava ___ críticas dos alunos.
22. O rapaz foi ___ janela observar o tempo.
23. O rapaz tinha verdadeiro horror ___ cobras.
24. Os alunos faltaram ___ competições colegiais.
25. Os meninos ouviam atentos ___ explicações da mãe.
26. Os políticos repudiaram ___ manifestação dos alunos.
27. As professoras não eram favoráveis ___ greve.
28. Sou grata ___ professora por sua colaboração.
29. Todos éramos contrários ___ decisão que foi tomada.
30. Visitaremos ___ cidade de São Paulo nas férias.

5 - Observando as correlações (AO[S] → À[S], O[S] → A[S]), preencha os espaços, como nos exemplos:

A criança obedece *ao* pai e <u>à</u> mãe. (AO[S] → À[S])
Eles respeitam *os* professores e <u>*as*</u> professoras. (O[S] → A[S])

1. Você se refere *a* homem ou ___ mulher?
2. Nós nos referimos *aos* homens e ___ mulheres.
3. Recorremos *ao* patrão e ___ patroa.
4. Convidamos *o* patrão e ___ patroa
5. Prestamos homenagem *a* papai e ___ mamãe.
6. Homenageamos *o* papai e ___ mamãe.
7. Presenteamos *os* alunos e ___ alunas.
8. Oferecemos presentes *aos* alunos e ___ alunas.
9. Ofereceram-se flores *aos* padrinhos e ___ madrinhas.
10. Estes livros agradam *a* meninos e ___ meninas.

11. A lei se aplica *a* homens e ___ mulheres, indistintamente.
12. Apresentaram-me *a* reis e ___ rainhas, *a* príncipes e ___ princesas.
13. Conheci *os* reis e ___ rainhas, *os* príncipes e ___ princesas.
14. Fui apresentado *ao* rei e ___ rainha daquele reino.
15. Os médicos dedicaram cuidados *aos* enfermos e ___ enfermas.
16. A mãe admoestou *os* filhos e ___ filhas.
17. Os filhos obedecem igualmente *ao* pai e ___ mãe.
18. Os filhos respeitam indistintamente *o* pai e ___ mãe.
19. Os filhos devem respeito irrestrito *ao* pai e ___ mãe.
20. Não fui nem *aos* debates nem ___ palestras.
21. Enfim, ele renunciou *ao* dinheiro e ___ fama.
22. Ela se dedicava inteiramente *ao* trabalho e ___ família.
23. Sua dedicação *ao* trabalho e ___ família eram admiráveis.
24. A ela, só lhe importavam *o* trabalho e ___ família.
25. Ela só dava importância *ao* marido e ___ filhas.
26. Demos o recado *aos* professores e ___ professoras.
27. Informamos *os* professores e ___ professoras sobre o caso.
28. Informamos o caso *aos* professores e ___ professoras.
29. Pedi *ao* aluno e ___ aluna que não faltassem *ao* plantão nem ___ aulas.
30. Pedi *a(o)* João e ___ Joana que não faltassem mais.

(Baseado em Cegalla, 1992)

RESPOSTAS

Exercícios de Aprendizagem

Exercício 1

1. pronome demonstrativo
2. artigo definido
3. artigo definido
4. artigo definido
5. pronome demonstrativo
11. pronome oblíquo átono
12. pronome oblíquo átono
13. artigo definido
14. pronome demonstrativo
15. artigo definido

6. artigo definido
7. artigo definido
8. preposição
9. pronome oblíquo átono
10. preposição
16. preposição
17. artigo definido
18. artigo definido
19. artigo definido, pronome oblíquo átono
20. artigo definido, preposição

Exercício 2

1. A
2. P
3. A
4. P
5. P
6. P
7. A
8. A
9. A
10. A
11. P
12. P
13. A
14. P
15. P

Exercício 3

1. ... compareceram/ *ao* encontro → à reunião.
2. ... faltou/ *aos* exames → às provas.
3. ... corrigiu/ *os* testes → *as* provas.
4. A moça foi/ *ao* portão → à porta...
5. ... abriu/ *o* portão → *a* porta.
6. ... dedicou o livro/ *ao* professor → à professora.
7. ... dedicou o poema/ *a* ele → *a* ela.
8. Ouvíamos atentos/ *os* argumentos... → *as* explicações...
9. ... eram contrários/ *ao* movimento... → à paralisação.
10. ... reprovavam/ *o* movimento grevista → *a* greve.
11. Iremos / *a* um lugar → *a* uma cidade...
12. Chegaremos/ *ao* vilarejo → à cidade...
13. A obra/ *O* livro → *a* que você se refere...
14. A mulher/ O homem *ao* qual → à qual você se refere...
15. ... favoráveis/ *ao* acordo → à decisão.
16. Sou grato/ *ao* professor → à professora...

17. ... tinha horror/ *a* escorpião/-ões → *a* aranha(s).
18. "Não estacione: sujeito/ *a* tributo → *a* multa"...
19. ... deu um presente caro/ *ao* namorado → à namorada.
20. ... gosta de ir/ *a* cultos → *a* missas.
21. ... vai/ *aos* cultos → às missas...
22. Dedicou toda a vida/ *ao* ofício → à carreira...
23. ... são obedientes/ *ao* código → à lei.
24. ... prejudicial/ *ao* organismo → à saúde"...
25. ... fumar prejudica/ *o* organismo → *a* saúde.
26. ... era avesso/ *a* fuxicos → *a* críticas.
27. ... não ficou indiferente/ *aos* comentários → às críticas...
28. ... ignorava/ *os* comentários → *as* críticas.
29. ... tinha verdadeira devoção/ *ao* pai → à mãe.
30. ... tinha muito amor/ aos irmãos → às irmãs.

Exercícios de Fixação

Exercício 1

1. ... compareceram à reunião. (C)
2. ... faltou às provas. (C)
3. ... corrigiu *as* provas. (A)
4. A moça foi à porta... (C)
5. ... abriu *a* porta. (A)
6. ... dedicou o livro à professora. (C)
7. ... dedicou o poema *a* ela. (P)
8. Ouvíamos atentos *as* explicações... (A)
9. ... eram contrários à paralisação. (C)
10. ... reprovavam *a* greve. (A)
11. Iremos *a* uma cidade... (P)
12. Chegaremos à cidade... (C)
13. A obra *a* que você se refere... (P)

14. A mulher à qual você se refere... (C)
15. ... éramos favoráveis à decisão. (C)
16. Sou grato à professora... (C)
17. ... tinha verdadeiro horror *a* aranha(s). (P)
18. "... sujeito *a* multa" (P)
19. ... deu um presente caro à namorada. (C)
20. ... não gosta de ir *a* missas. (P)
21. ... vai religiosamente às missas... (C)
22. Dedicou toda a vida à carreira... (C)
23. ... são obedientes à lei. (C)
24. "Fumar é prejudicial à saúde"... (C)
25. ... fumar prejudica *a* saúde. (A)
26. ... era completamente avesso *a* críticas. (P)
27. ... ficou indiferente às críticas feitas. (C)
28. ... ignorava *as* críticas. (A)
29. ... tinha verdadeira devoção à mãe. (C)
30. ... tinha muito amor às irmãs. (C)

Exercício 2

1. PP
2. A
3. PP
4. A
5. PD
6. A
7. PP
8. PD
9. PD
10. PP
11. PP
12. A

Exercício 3

1. A
2. PP
3. A, PP
9. A, PP
10. A, A, A
11. P, A, PP

4. A, A, A, PP
5. A, A
6. A, A, PP, P
7. A, P, PP
8. A, P
12. A, A, P, P
13. PP, PP
14. A, P, PP
15. A, PP, A

Exercício 4

1. à
2. a
3. à
4. à
5. as
6. a
7. à
8. à
9. às
10. a / às
11. à
12. a
13. à
14. à
15. a
16. a
17. à
18. às
19. a
20. a
21. as
22. à
23. a
24. às
25. as
26. a
27. à
28. à
29. à
30. a

Exercício 5

1. a
2. às
3. à
4. a
5. a
6. a
7. as
8. às
9. às
10. a
11. a
12. a, a
13. as, as
14. à
15. às
16. as
17. à
18. a
19. à
20. às
21. à
22. à
23. à
24. a
25. às
26. às
27. as
28. às
29. à, às
30. a / à

2. Regência e Crase

CONCEITOS PRELIMINARES

- Predicação Verbal
- Complementos Verbais (Objetos)
- Complemento Circunstancial

PREDICAÇÃO VERBAL

Compare as seguintes frases:
(1) A carta chegou.
(2) Ela recebeu a carta.

Vamos separar com uma barra o **sujeito** (à esquerda) dos **verbos** ("chegar" e "receber"); assim:

(1) A carta|chegou.
(2) A moça|recebeu a carta.

Podemos observar que, em 1, a frase contém duas partes: **sujeito** ("a carta") + **verbo** ("chegou"). O **verbo** é, em si, suficiente para formar uma frase completa, tanto que é seguido do ponto final, o que já não é possível em 2 ("A moça recebeu" não é uma frase completa).

Podemos decompor 2, novamente, em três partes, agora com o **complemento** de "receber":

(1) A moça|recebeu|a carta.

A frase é formada, agora, por três partes: **sujeito** ("a moça"), aquele que pratica a ação verbal; **verbo** ("recebeu") e **complemento** ("a carta"), alvo ou recipiente (recebedor) da ação. Certos **verbos** não têm significação completa, por isso são denominados **transitivos**; respondem, por exemplo, à pergunta "(o) quê?" ("A moça recebeu o quê?") A resposta, "a carta", é o **complemento verbal** de "receber".

COMPLEMENTOS VERBAIS

Os complementos verbais são de dois tipos: **objeto direto** (não introduzido por **preposição**, complemento do **verbo transitivo direto**) e **objeto indireto** (introduzido por **preposição** obrigatória, complemento do **verbo transitivo indireto**).

O **complemento** "a carta" é formado por **artigo definido** ("a") + **substantivo** ("carta"), logo trata-se de **objeto direto**, pois não contém **preposição obrigatória** (quando isso ocorre, o **objeto direto** pode ser substituído pelo **pronome oblíquo átono** "a[s]"):

(2) A moça recebeu a carta (recebeu-*a*) / ... recebeu o envelope (recebeu-*o*)

Já o **complemento** dos **verbos transitivos indiretos** pode ser substituído por "lhe(s)" ou, ainda, por "a ele(s) / ela(s)":

(3) Entreguei a carta ao rapaz (entreguei-lhe a carta) (ou: entreguei a ele a carta)
(4) Entreguei a carta à moça. (entreguei-lhe / entreguei a ela a carta)

Os **verbos transitivos indiretos** respondem à pergunta "a que / quem" ("entregou a quem?"). A resposta, introduzida por "a", será o **objeto indireto** ("ao rapaz", "lhe", "a ele").

Já a frase inicial (1) não necessita de **complemento**. Podemos acrescentar-lhe mais elementos; porém, se os retirarmos, ainda resta uma frase com o sentido básico, essencial, minimamente bem formada em português:

(1) A carta chegou (ontem, hoje pela manhã, pelos Correios, etc.)

As informações entre parênteses ampliam a frase original, mas podem ser retiradas, pois não são complementos (trata-se de **adjuntos**, como veremos adiante).

Quando o verbo é suficiente em si mesmo para formar uma frase completa, é denominado **intransitivo**. Os **transitivos**, por sua vez, não podem ficar sem seus complementos. Se os eliminarmos em "Entreguei a carta ao rapaz", teremos apenas "entreguei".

(5) Entreguei. *

Sem elementos contextuais, não podemos dizer que há uma frase completa, pois faltam-lhe os **complementos**: "entreguei o quê?" (**objeto direto**), "a quem?" (**objeto indireto**).

Finalizemos esta parte com duas abstrações importantíssimas e muito úteis: o "a" que introduz o **objeto direto** é **artigo definido** e, como tal, nunca pode ser craseado, sem exceção; já o "a" que introduz o **objeto indireto** é **preposição** (obrigatória) e pode ser craseado (a depender de algumas condições).

Lembre-se, ainda, que: via de regra, o **objeto direto** é permutável pelo **pronome oblíquo átono** "a" ("entreguei <u>a carta</u>" torna-se "entreguei-<u>a</u>"); o **objeto indireto**, por "lhe" (ou "a ele / ela") ("entreguei <u>ao rapaz</u> / <u>à moça</u>" torna-se "entreguei <u>a ele</u> / <u>ela</u>") (ou "entreguei-<u>lhe</u>").

Observações:

1. As **preposições** que normalmente introduzem o **objeto indireto** são as seguintes: "a", "com", "contra", "de", "em" e "por" Naturalmente, para o estudo da crase, interessa-nos somente aquele introduzido pela **preposição** "a".
2. Em muitos casos, o **objeto indireto** encabeçado por "à" (craseado) é o equivalente de "para a" (isto é, "disse para a moça" é o mesmo que "disse à moça"); deduz-se, daqui, outro princípio infalível para o emprego do acento.

COMPLEMENTO CIRCUNSTANCIAL

Alguns poucos verbos, considerados **intransitivos**, são "complementados" por uma ideia de circunstância (geralmente de lugar).

Em:

Ele foi. *

O verbo "ir", embora normalmente classificado como **intransitivo**, não forma uma frase com sentido completo. O termo que lhe acrescentamos, para ampliar-lhe a significação, funciona à semelhança um complemento, mas não é, a rigor, classificado como **objeto** (**indireto**), mas sim um **adjunto** (**adverbial**):

Ele foi à missa.

"À missa" responde à pergunta "aonde" ("Aonde ele foi?"), cuja resposta encerra ideia de circunstância (tempo, modo, lugar, etc.). Os **objetos**, por sua vez, não exprimem circunstâncias.

> ***Observações:***
>
> 1. A **NGB** (Nomenclatura Gramatical Brasileira) não propõe nenhuma classificação para os **adjuntos adverbiais**, apenas para os **advérbios** (e **locuções adverbiais**); fá-lo-emos, quando possível, apenas com finalidades didático-pedagógicas.
> 2. A ideia acessória circunstancial (tempo, modo, lugar, etc.) não pode ser confundida com **complemento** / **objeto** (**indireto**), pois não pode ser substituída por "lhe" ("Ele foi-lhe" *).

TERMO REGENTE E TERMO REGIDO

Prosseguindo, como já vimos anteriormente, quando o **termo regente** / **antecedente** rege (exige, requer) a **preposição** "a", e o termo **consequente** (ou **regido**) admite o **artigo definido** "a(s)", o **acento grave** é obrigatório.

É importante reforçar que este princípio geral não tem exceção e, como também já vimos, pode ser verificado pela regra prática da substituição do feminino pelo masculino (ao[s] → à[s]).

Certas palavras, porém, oferecem dúvida quanto a se regem ou não a referida **preposição** (uma das duas condições obrigatórias para a **crase**); isso ocorre porque, na fala espontânea (coloquial, informal, etc.), muitas vezes não obedecemos *ao* regime (à **regência**) prescrito pela gramática normativa, em especial aquela fixada na língua escrita.

REGÊNCIA VERBAL

Quando um **verbo** rege a preposição "a", é **transitivo indireto** e, portanto, complementado por **objeto indireto**; assim, tiremos disso duas conclusões: o "a" que introduz o **objeto indireto** pode ser craseado, mas o "a(s)" que introduz o **objeto direto** (complemento do **verbo transitivo direto**) nunca poderá receber o acento grave (trata-se de simples **artigo definido**).

Antes de prosseguir, ressaltamos que alguns dos verbos listados a seguir admitem mais de um sentido (e, portanto, mais de uma regência), mas vamos nos concentrar nos casos em que pode ou não ocorrer a crase.

Além disso, onde mais de uma regência for possível para o mesmo sentido, apontaremos primeiramente a construção mais comum.

ABDICAR
VTI (renunciar, abrir mão de)

A realeza abdicou *à* coroa. (**objeto indireto**: abdicou a ela) (teste do masculino: abdicou *ao* trono)
A função *a* que abdiquei era importantíssima. (teste do masculino: o cargo *a* que abdiquei)
A posição *à* qual abdiquei era muito nobre. (teste do masculino: o posto *ao* qual abdiquei)

VTD (no mesmo sentido)

A rainha abdicou *a* coroa. (**objeto direto**: abdicou-a) (simples **artigo**) (teste do masculino: abdicou *o* cargo)

AGRADAR
VTD (no sentido de ser agradável, satisfazer)

A decisão agradou *as* professoras. (agradou-as) (simples **artigo**) (teste do masculino: agradou *os* professores)

VTI (no mesmo sentido)

A decisão não agradou *às* alunas. (agradou-lhes / a elas) (teste do masculino: agradou *aos* alunos)

AJUDAR
VTD

O professor ajudou *as* crianças. (**objeto direto**: ajudou-as) (simples **artigo**) (teste do masculino: ajudou *os* alunos)

VTI (raro)

Ele ajudou às professoras. (ajudou-lhes/ajudou a elas) (teste do masculino: ajudou *aos* professores)

ALMEJAR (no sentido de desejar, aspirar)
VTD

Eles almejavam *a* cadeira da presidência. (**objeto direto**: almejavam-na) (simples **artigo**) (teste do masculino: almejavam *o* cargo)

Observações:

1. Por "contaminação semântica", usa-se, equivocadamente, com a **preposição** "a", própria da regência do **verbo** sinônimo "aspirar" (no sentido de "aspiração").
2. Ocorre como VTI, com o **objeto indireto** introduzido pela **preposição** "por".

ALUDIR

VTI (referir-se a, fazer referência a)

O diretor da empresa aludiu *à* questão. (**objeto indireto**: aludiu a ela) (teste do masculino: aludiu *ao* fato)

A questão *a* que aludimos era de suma importância. (teste do masculino: o fato *a* que aludimos)

A questão *à* qual aludimos era muito urgente. (teste do masculino: o problema *ao* qual aludimos)

ANUIR

VTI (aprovar, consentir)

Depois de muita discussão, todos anuíram *à* proposta. (**objeto indireto**: anuíram a ela) (teste do masculino: anuíram *ao* plano)

ASPIRAR

VTD (inalar, respirar)

Adoeceu depois que aspirou *a* fumaça do incêndio. (**objeto direto**: aspirou-a) (simples **artigo**) (teste do masculino: aspirou *o* pó)

VTI (almejar, desejar)

O rapaz aspirava *à* direção da empresa. (**objeto indireto**: aspirava a ela) (teste do masculino: aspirava *ao* cargo de direção)

Ele aspirava *a* uma posição de mais destaque. (teste do masculino: aspirava *a* um posto) (simples **preposição**)

A posição *a* que aspirava era a mais bem-remunerada. (teste do masculino: o posto *a* que aspirava)

A posição *à* qual aspirava era a mais destacada. (teste do masculino: o posto *ao* qual aspirava)

ASSISTIR

VTI (no sentido de ver, presenciar):

Mamãe assistia *às* novelas do horário nobre. (**objeto indireto**: assistia a elas) (teste do masculino: assistia *aos* filmes)
As novelas *a* que mamãe assistia eram as melhores. (teste do masculino: os filmes *a* que mamãe assistia)
As novelas *às* quais mamãe assistia eram boas. (teste do masculino: os filmes *aos* quais mamãe assistia)

> ***Observação:***
>
> Por influência da regência de "ver" (VTD), na língua espontânea constrói-se com **objeto direto** ("Ela assistia *as* novelas..."; teste do masculino: "... assistia *os* filmes..."). Tal construção ainda não está plenamente consagrada na norma culta escrita; atente-se, pois, no contexto de uso.

VTD/VTI (no sentido de prestar assistência)

O enfermeiro assistia *a* paciente com dedicação. (**objeto direto**: assistia-a) (simples **artigo**) (teste do masculino: assistia *o* doente)
"... assistia *à* paciente..." (**objeto indireto**: assistia-lhe/assistia a ela) (teste do masculino: assistia *ao* paciente)

ATENDER
VTD/VTI (prestar atendimento)

Ninguém atendeu *as* minhas exigências. (**objeto direto**: ninguém as atendeu) (simples **artigo**) (teste do masculino: atendeu *os* meus pedidos)
"... atendeu *às* minhas exigências" (**objeto indireto**: atendeu a elas)

Devem-se atender *as/às* clientes com entusiasmo. (teste do masculino: atender *os/aos* clientes)

VTI (atentar, prestar atenção, reparar)

Ninguém atendeu *às* possíveis consequências. (**objeto indireto**: atendeu a elas) (teste do masculino: atendeu *aos* problemas)

ATENTAR (prestar atenção)
VTI

Ninguém atentou *às* regras do jogo. (**objeto indireto**: atentou a elas) (teste do masculino: atentou *aos* mandamentos)

CHEGAR
VTI

Chegamos à aula atrasados. (teste do masculino: chegamos *ao* encontro)
Chegou à escola pontualmente. (teste do masculino: chegou *ao* colégio)

Observações:

1. Apesar de classificado como **intransitivo**, **verbos** como "chegar", "ir" (e similares) requerem um **complemento circunstancial** (de natureza **adverbial**), à semelhança dos **verbos transitivos**, que requerem **objeto** (**direto** ou **indireto**).
2. Na linguagem espontânea, "em" já experimenta ampla aceitação: "Chegamos *na* escola" (na = em + a), mas é necessário atentar para o contexto de uso.
3. Diante da palavra "casa", a construção com a **preposição** "a" ("Chegamos *a* casa tarde") é rara no português brasileiro moderno (compare: "Chegamos *em* casa...").

INFORMAR

VTDI (quem é informado: **objeto direto**; a coisa informada: **objeto indireto**)

O professor informou *as* alunas do adiamento. (objeto direto: avisou-as) (simples **artigo**) (teste do masculino: avisou *os* alunos)

VTDI (o contrário: quem é informado: **objeto indireto**; a coisa informada: **objeto direto**)

O professor informou o adiamento *às* alunas. (informou-lhes / informou a elas) (teste do masculino: informou *aos* alunos)

LEMBRAR

VTDI (advertir)

O namorado lembrou *à* namorada a data de aniversário. (**objeto indireto**: lembrou-lhe / lembrou a ela) (teste do masculino: lembrou *ao* namorado)

OBEDECER

VTI (quer se refira a coisa ou pessoa)

Devemos obedecer *à* lei. (**objeto indireto**: obedecer a ela) (teste do masculino: obedecer *ao* regulamento)

"Obedeça *às* professoras", advertiu-os a mãe. (obedeça-lhes / obedeça a elas) (masculino: obedeça *aos* professores)

As leis *a* que obedecemos são justas. (masculino: os regulamentos *a* que obedecemos)

A leis *às* quais obedecemos devem ser justas. (masculino: o regulamento *ao* qual obedecemos)

PAGAR

VTD (com **objeto direto** representando coisa)

Sempre pago *as* contas pontualmente. (**objeto direto**: pago-as) (simples **artigo**) (teste do masculino: pago *os* débitos)

VTI (com **objeto indireto** representando pessoa)

Você já pagou (o que deve) *à* empregada? (**objeto indireto**: pagou-lhe / a ela) (masculino: pagou *ao* empregado)

PERDOAR

VTD (com **objeto direto** representando coisa)

Sempre perdoei *as* suas faltas. (perdoei-as) (simples **artigo**) (teste do masculino: perdoei *os* seus erros)

VTI (com **objeto indireto** representando pessoa)

Sempre perdoava à namorada infiel. (perdoava-lhe / a ela) (teste do masculino: perdoava *ao* namorado)

PREFERIR

VTDI (**objeto direto**: o que se prefere; **objeto indireto**: o que é preferido)

Sempre prefiro vinho *a* cerveja. (simples **preposição**) (teste do masculino: prefiro cerveja *a* vinho)

PRESIDIR

VTD/VTI (exercer a presidência de)

O novato presidiu *a* reunião da empresa. (**objeto direto**: presidiu-a) (simples **artigo**) (teste do masculino: presidiu *o* encontro)

A moça presidiu *à* sessão solene. (**objeto indireto**: presidiu a ela) (masculino: presidiu *ao* encontro)

A reunião *a* que presidi foi muito difícil. (masculino: o encontro *a* que presidi)

As reuniões *às* quais presidi foram frutíferas. (masculino: os encontros *aos* quais presidi)

PROCEDER

VTI (dar início a)

Assim que possível, procederemos *à* leitura da ata. (**objeto indireto**: procederemos a ela) (teste do masculino: procederemos *ao* exame da ata)

QUERER

VTD (com **objeto direto** se referindo a coisa)

A menina não quer mais *as* suas bonecas. (não as quer) (simples **artigo**) (teste do masculino: quer *os* bonecos)

VTI (no sentido de amar, estimar, com **objeto indireto** se referindo a pessoas)

Os professores querem muito *às* crianças. (quer-lhes / a elas) (masculino: querem *aos* alunos)

As pessoas *às* quais quero bem são meus familiares. (masculino: os rapazes *aos* quais quero)

RESPONDER

VTI (quer se refira a coisa ou pessoa)

Responda *à* lista de perguntas. (**objeto indireto**: responda a ela) (teste do masculino: responda *ao* questionário)

Não responda mal *às* professoras. (**objeto indireto**: não lhes responda / não responda a elas) (masculino: responda *aos* professores)

A pergunta *a* que respondi era indiscreta. (masculino: o questionário *a* que respondi)

As perguntas *às* quais respondi eram difíceis. (masculino: os questionamentos *aos* quais respondi)

SATISFAZER

VTD/VTI (com o mesmo sentido)

O candidato não satisfazia *as* exigências do programa. (**objeto direto**: não as satisfazia) (simples **artigo**) (teste do masculino: não satisfazia *os* requisitos)

"... não satisfazia *às* exigências..." (**objeto indireto**: não satisfazia a elas) (masculino: não satisfazia *aos* requisitos)

SUCEDER

VTI (vir depois)

Diz o ditado, "A bonança sucede à tempestade". (sucede a ela) (teste do masculino: sucede *ao* temporal)

VISAR

VTI (no sentido de ter como objetivo)

Todos nós devemos visar *à* vitória. (**objeto indireto**: visar a ela) (teste do masculino: visar *ao* triunfo)

A função *a* que aspirava era muito cobiçada. (masculino: o cargo *a* que aspirava)
A função *à* qual aspirava era inatingível. (masculino: o cargo *ao* qual aspirava)
VTD (no sentido de apontar, mirar)
Visou atentamente *a* caça e disparou a flecha certeira. (**objeto direto**: visou-a) (simples **artigo**) (masculino: visou *o* animal)

REGÊNCIA NOMINAL

Às vezes o **termo regente** é formado por um nome (**substantivo**), **adjetivo** ou **advérbio**, regendo a **preposição** "a"; se o **termo regido** admitir **o artigo definido** feminino "a(s)", assim como vimos acima (na **regência verbal**), ocorrerá **crase**:

Ele demonstrou indiferença *a* | *as* críticas. (**substantivo**) | indiferença às críticas / *aos* boatos **regente** **regido**

Ele foi indiferente *a* | *as* reclamações. (**adjetivo**) | indiferente às reclamações / *aos* protestos
regente **regido**

Vou contrariamente *a* | *a* proposta. (**advérbio**) | contrariamente à proposta / *ao* projeto
regente **regido**

A **regência nominal** é matéria menos complexa que a verbal. Listaremos, a seguir, apenas a título de exemplificação, alguns **substantivos** e **adjetivos** que regem a **preposição** "a" (atenção: alguns dos nomes listados regem mais de uma preposição, com ou sem alteração de sentido).

acessível a	conforme a	obediência a
acostumado a	dado a	pertinente a
afeição a	devoto a	preferível a
alheio a	estima a	propício a
análogo a	favor a	próximo a
antipatia a	grato a	respeito a
apto a	horror a	resposta a
atenção a	hostil a	sabor a (= sabor de)
aversão a	indispensável a	simpatia a
avesso a	inerente a	situado a
cheiro a (= cheiro de)	junto a	útil a

CONSIDERAÇÕES FINAIS

Antes de avançarmos, façamos a seguinte síntese: a crase só ocorre em três casos:

1. resultante da fusão da **preposição** "a" com o **artigo definido** feminino "a(s)", como já vimos: "Não iremos à festa" / (*ao* baile);
2. resultante da fusão da referida **preposição** com o "a" que exerce a função de **pronome demonstrativo**: "A blusa que você está usando é igual à que comprei" (isto é, "... é igual a *aquela* que comprei") / "O blusão que você está usando é igual *ao* que comprei".
3. resultante da referida fusão de "a" + o "a" inicial dos **pronomes demonstrativos** "aquele(s)", "aquela(s)" e "aquilo": "Entregue este embrulho àquele homem" (em vez de: "... a aquele homem"). Neste caso, não cabe o teste de substituição pelo masculino.

Há casos em que empregamos o acento grave de forma meramente convencional, pois não ocorre crase, isto é, não ocorre a fusão em si, como veremos adiante.

Exercícios de Aprendizagem

1 - Reproduzimos, a seguir, todas as frases da exposição teórica acima. Sem consultar, preencha os espaços com *a(s)* ou *à(s)*:

1. A rainha abdicou ___ coroa.
2. A função ___ que abdiquei era importantíssima.
3. A posição ___ qual abdiquei era muito nobre.
4. A decisão não agradou ___ alunas.
5. A decisão agradou ___ professoras.
6. O professor ajudou ___ crianças.
7. Ele ajudou ___ professoras.
8. Eles almejavam ___ cadeira da presidência.
9. O diretor da empresa aludiu ___ questão.
10. A questão ___ que aludimos era de suma importância.
11. A questão ___ qual aludimos era muito urgente.
12. Depois de muita discussão, todos anuíram ___ proposta.
13. Adoeceu depois que aspirou ___ fumaça do incêndio.
14. O rapaz aspirava ___ direção da empresa.
15. Ele aspirava ___ uma posição de mais destaque.
16. A posição ___ que aspirava era a mais bem-remunerada.
17. A posição ___ qual aspirava era a mais destacada.
18. Mamãe assistia ___ novelas do horário nobre.
19. As novelas ___ que mamãe assistia eram as melhores.
20. As novelas ___ quais mamãe assistia eram boas.
21. O enfermeiro assistia ___ paciente com dedicação.
22. Ninguém atendeu ___ minhas exigências.
23. Ninguém atendeu ___ possíveis consequências.
24. O rapaz atendeu ___ clientes com zelo.
25. Ninguém atentou ___ regras do jogo.
26. Chegamos ___ aula atrasados.

27. Chegou ___ escola pontualmente.
28. O professor informou ___ alunas do adiamento.
29. O professor informou o adiamento ___ alunas.
30. O namorado lembrou ___ namorada a data de aniversário.
31. Devemos obedecer ___ lei.
32. "Obedeça ___ professoras", advertiu-os a mãe.
33. As leis ___ que obedecemos são justas.
34. A lei ___ qual obedecemos deve ser justa.
35. Sempre pago ___ contas pontualmente.
36. Você já pagou ___ empregada?
37. Sempre perdoei ___ suas faltas.
38. Sempre prefiro vinho ___ cerveja.
39. O novato presidiu ___ reunião da empresa.
40. A moça presidiu ___ sessão solene.
41. A reunião ___ que presidi foi muito difícil.
42. As reuniões ___ quais presidi foram frutíferas.
43. Assim que possível, procederemos ___ leitura da ata.
44. A menina não quer mais ___ suas bonecas.
45. Os professores querem muito ___ crianças.
46. As pessoas ___ quais quero bem são meus familiares.
47. Responda ___ lista de perguntas.
48. Não responda mal ___ professoras.
49. A pergunta ___ que respondi era indiscreta.
50. As perguntas ___ quais respondi eram difíceis.
51. O candidato não satisfazia ___ exigências do programa.
52. Diz o ditado, "A bonança sucede ___ tempestade".
53. Todos nós devemos visar ___ vitória.
54. A função ___ que aspirava era muito cobiçada.
55. A função ___ qual aspirava era inatingível.
56. Visou atentamente ___ onça e disparou uma flecha certeira.

2 - Prossiga, como no exercício anterior, atentando-se na regência dos verbos destacados (em caso de dúvida, faça o teste da substituição pelo masculino, usando a palavra dada entre parênteses):

1. Devido ao assédio, *abdiquei* ___ função. (cargo)
2. A decisão *agradou* ___ pessoas, unanimemente. (presentes)
3. A decisão não *agradou* ___ mães dos alunos. (pais)
4. Os passantes *ajudaram* ___ vítimas. (feridos)
5. Eu *almejava* ___ direção da escola. (cargo)
6. *Aludiu-se* ___ questão durante a reunião. (fato)
7. No final, todos *anuíram* ___ decisão tomada. (acordo)
8. As vítimas *aspiraram* ___ fumaça do incêndio. (gás)
9. A função ___ que *aspiro* é muito desafiadora. (cargo)
10. A função ___ qual *aspiramos* demanda muito trabalho. (cargo)
11. A paciente ___ que *assistimos* acabou falecendo. (o paciente)
12. As pacientes ___ quais *assistimos* já receberam alta. (os pacientes)
13. Você já *assistiu* ___ peça que está em cartaz? (filme)
14. O atendente *atendeu* ___ fregueses com presteza. (as freguesas)
15. Todos devem *atender* ___ regulamentação. (código)
16. É necessário que todos *atentem* ___ regras do jogo. (códigos)
17. Quando *chegamos* ___ escola, o portão estava fechado. (colégio)
18. *Cheguei* ___ casa dos meus pais lá pelo fim da tarde. (lar)
19. Quando *cheguei* ___ casa, fui direto para a cama. (lar)
20. *Informamos* ___ candidatas do resultado da seleção. (candidatos)
21. *Informamos* o resultado da seleção ___ candidatas. (candidatos)
22. *Lembrei* ___ crianças que no dia seguinte haveria prova. (alunos)
23. "*Obedeça* ___ pessoas mais velhas", ensinavam-me meus pais. (homens)
24. As regras ___ quais *obedeço* me são impostas. (códigos)
25. As regras ___ que *obedeço* são impostas a mim. (códigos)
26. Todos, sem exceção, devem *obedecer* ___ lei. (mandamento)
27. *Pago* ___ minhas contas pontualmente. (tributos)

28. *Pago* ___ empregadas da empresa bons salários. (empregados)
29. Jamais *perdoarei* ___ ofensas que ele me dirigiu. (insultos)
30. *Perdoemos* ___ pessoas que nos ofendem. (indivíduos)
31. *Prefiro* uísque ___ cerveja. (licor)
32. O novo chefe *presidiu* ___ reunião de associados. (encontro)
33. *Procedeu-se* ___ leitura dos autos do processo. (exame)
34. A mocinha já não *quer* mais ___ bonecas. (brinquedos)
35. A jovem já não *quer* mais ___ mãe; prefere os namoradinhos. (pai)
36. A testemunha *respondeu* ___ perguntas sem hesitação. (questionamentos)
37. Foi dispensado porque não *satisfazia* ___ necessidades do edital. (requisitos)
38. "A paz *sucede* ___ guerra?", perguntou-me. (confronto)
39. Eles *visavam* ___ evolução material e espiritual. (progresso)
40. *Visou* ___ presa e disparou um tiro certeiro. (animal)

3 - Preencha os espaços com *a(s)* ou *à(s)*, atentando-se, agora, na regência nominal (atente para as palavras destacadas em itálico):

1. O professor era *acessível* ___ alunas. (alunos)
2. Estava *acostumado* ___ ofensas dos colegas. (insultos)
3. O professor não tinha *afeição* ___ alunas. (alunos)
4. Ele permaneceu completamente *alheio* ___ críticas recebidas. (boatos)
5. Trabalhávamos em condições *análogas* ___ escravidão. (servilismo)
6. Os alunos tinham *antipatia* ___ professoras. (professores)
7. Ele não estava *apto* ___ função de diretor. (cargo)
8. Em *atenção* ___ pessoas, decidiu falar. (presentes)
9. Tinha verdadeira *aversão* ___ histórias de terror. (filmes)
10. Eu tinha *aversão* ___ histórias de terror que meu pai lia. (contos)
11. Permaneceu *avessa* ___ homenagens que lhe faziam. (tributos)
12. Um *cheiro* forte ___ gasolina invadiu o ambiente. (querosene)
13. Desde jovem ele era *dado* ___ bebida. (vício)
14. Eram completamente *devotos* ___ santa. (santo)

15. Somos *gratos* ___ todas vocês pela ajuda. (todos)
16. Somos *gratos* ___ *professoras* pelos ensinamentos. (professores)
17. Antissocial, tinha *horror* ___ pessoas com quem trabalhava. (amigos)
18. Comportou-se de forma *hostil* ___ novatas. (novatos)
19. Este problema é *inerente* ___ questão em pauta. (caso)
20. Sentou-se *junto* ___ árvore e adormeceu. (arbusto)
21. Devemos *obediência* ___ pessoas mais velhas. (homens)
22. O que você diz não é *pertinente* ___ discussão. (debate)
23. Vinho é sempre *preferível* ___ cerveja. (uísque)
24. O momento era *propício* ___ divagações poéticas. (sonhos)
25. Morava *próximo* ___ escola em que estudava. (colégio)
26. Em *respeito* ___ mãe, preferiu não discutir. (pai)
27. A *resposta* ___ demandas demorou a chegar. (pedidos)
28. Ele não tinha *simpatia* ___ colegas de trabalho. (amigos)
29. A máquina era útil ___ todas as pessoas. (trabalhadores)
30. A máquina era útil ___ trabalhadoras. (trabalhadores)

Exercícios de Fixação

1 - Observe o a(s) destacado e diga se o emprego do acento de crase está certo (C) ou errado (E):

1. ( ) A família imperial abdicou à coroa.
2. ( ) A decisão não agradou às funcionárias.
3. ( ) Devemos ajudar às pessoas, indistintamente.
4. ( ) Devemos ajuda às pessoas, como gesto de amor.
5. ( ) Almejávamos à uma posição superior.
6. ( ) Aludiu-se à essa questão durante o encontro.
7. ( ) Fez-se alusão à questão na assembleia.
8. ( ) Espero a anuência de todos à proposta.
9. ( ) Ninguém anuiu à proposta apresentada na reunião.

10. ( ) Aspirou à substância tóxica e desmaiou.
11. ( ) Todos aspiravam à posição mais elevada da empresa.
12. ( ) Ainda não assisti à peça que está em cartaz.
13. ( ) O cuidador assistia à idosa com muita paciência.
14. ( ) Prestou zelosa e competente assistência à paciente.
15. ( ) Atenda às freguesas com a atenção que elas merecem.
16. ( ) Os banhistas não atenderam às advertências de perigo.
17. ( ) Os motoristas não atentaram às placas de trânsito.
18. ( ) Eles não prestaram atenção à sinalização de trânsito.
19. ( ) Quando chegamos à igreja, a missa já tinha começado.
20. ( ) Assim que chegamos, à missa teve início.
21. ( ) Informamos às candidatas de que o concurso foi cancelado.
22. ( ) Informamos às candidatadas sobre o cancelamento do concurso.
23. ( ) Lembrei à professora que seria feriado no dia seguinte.
24. ( ) Obedecer à lei é um dever cívico de todo cidadão.
25. ( ) A obediência às leis é um dever de todos.
26. ( ) Pague às dívidas logo, ou você se verá numa situação incontornável.
27. ( ) O patrão, muito correto, pagou às secretárias pontualmente.
28. ( ) Já perdoei à ela todas as faltas que cometeu contra mim.
29. ( ) Perdoei à mamãe as palavras duras que ela havia dirigido a mim.
30. ( ) Perdoei às faltas gravíssimas que ela tinha para comigo.
31. ( ) Ele sempre preferiu licor à cachaça.
32. ( ) Presidi à reunião sem qualquer intercorrência.
33. ( ) Quando presidiu à assembleia, houve algumas intercorrências.
34. ( ) Assim que possível, procederemos à divulgação dos resultados.
35. ( ) A mãe quer muito bem às filhas, jovens adolescentes.
36. ( ) A menina já não quer mais à velha boneca de pano. Está ficando moça.
37. ( ) Dizia o enunciado da questão: "Responda às perguntas a seguir".
38. ( ) O rapaz não satisfazia às exigências para a vaga de motorista.
39. ( ) O dia sucede à noite, ou é o contrário?
40. ( ) O rapaz visava à carreira de piloto, mas não preenchia os requisitos.

41. ( ) Após visar cuidadosamente à baleia, disparou o arpão.

2 - Substitua a palavra (ou expressão) destacada pela palavra dada entre parênteses, empregando o acento grave adequadamente, como no exemplo abaixo:

Ainda não vi a peça. (assistir)
Resposta: Ainda não *assisti* à peça.

1. A candidata abriu mão da função. (abdicar)
   A candidata ____________________ ___ função.
2. A função da qual abriu mão era ingrata. (abdicar)
   A função ___ qual ____________________ era ingrata.
3. A solução não satisfez as freguesas. (agradar)
   A solução não ____________________ ___ freguesas.
4. Os bombeiros socorreram as vítimas. (ajudar)
   Os bombeiros ____________________ ___ vítimas.
5. O rapaz só desejava a fama, o sucesso. (almejar)
   O rapaz só ____________________ ___ fama, o sucesso.
6. A questão que discutimos na reunião era controversa. (aludir)
   A questão ___ que ____________________ na reunião era controversa.
7. Nem todos concordaram com a proposta. (anuir)
   Nem todos ____________________ ___ proposta.
8. Os jovens desmaiaram depois de inalar a fumaça tóxica. (aspirar)
   Os jovens desmaiaram depois de ____________________ ___ fumaça tóxica.
9. A vida que desejo é de recolhimento e abstenções. (aspirar)
   A vida ___ que ____________________ é de recolhimento e abstenções.
10. A carreira com que sonho será de muitas realizações. (aspirar)
    A carreira ___ qual ____________________ será de muitas realizações.
11. Você gosta de ver as novelas mexicanas? (assistir)

Você gosta de ____________________ ___ novelas mexicanas?

12. As novelas que vejo mais são as brasileiras. (assistir)

As novelas ___ quais ____________________ mais são as brasileiras.

13. Recepcione as clientes com muita simpatia e disposição. (atender)

____________________ ___ clientes com muita simpatia e disposição.

14. Ninguém atentou para as novas regras do regulamento. (atender)

Ninguém ____________________ ___ novas regras do regulamento.

15. O diretor notificou as alunas da infração. (informar)

O diretor ____________________ ___ alunas da infração.

16. O diretor notificou a infração às alunas. (informar)

O diretor ____________________ a infração ___ alunas.

17. Avisou a mãe que hoje seria recesso na escola. (lembrar)

____________________ ___ mãe que hoje seria recesso na escola.

18. Cumpra sempre a lei, aconteça o que acontecer. (obedecer)

____________________ sempre ___ lei, aconteça o que acontecer.

19. Você já quitou as contas do mês? (pagar)

Você já ____________________ ___ contas do mês?

20. Dê logo às empregadas tudo o que você lhes deve. (pagar)

____________________ logo ___ empregadas tudo o que você lhes deve.

21. Releve as ofensas que ele cometeu. (perdoe)

____________________ ___ ofensas que ele cometeu.

22. Gosto mais de vinho do que de cerveja. (preferir)

____________________ vinho ___ cerveja.

23. Irei dirigir a reunião esta noite. (presidir)

Irei ____________________ ___ reunião esta noite.

24. A reunião que ele dirigiu foi um desastre. (presidir)

A reunião ___ que ele ____________________foi um desastre.

25. Daremos continuidade com a leitura do relatório. (proceder)

____________________ ___ leitura do relatório.

26. Os professores estimam muito as crianças. (querer)

Os professores ______________________ muito bem ___ crianças.

27. Preencha a entrevista a seguir. (responder)

______________________ ___ entrevista a seguir.

28. Não refute as pessoas mais velhas assim. (responder)

Não ______________________ ___ pessoas mais velhas assim.

29. A moça não preenchia as exigências da vaga. (satisfazer)

A moça não ______________________ ___ exigências da vaga.

30. A derrocada vem depois da ganância. (suceder)

A derrocada ______________________ ___ ganância.

31. Almejava apenas por fama e dinheiro. (visar)

______________________ apenas ___ fama e ao dinheiro.

32. Mirou a onça e disparou o dardo entorpecente. (visar)

______________________ ___ onça e disparou o dado entorpecente.

3 - Complete os espaços com a(s) ou à(s), atentando-se na regência nominal dos termos destacados:

1. Os pais tinham grande afeição ___ filha.
2. O escritor mantinha-se alheio ___ críticas.
3. Sentíamos muita antipatia ___ crianças mal-educadas.
4. O rapaz foi considerado apto ___ função.
5. Em atenção ___ alunas, o professor reconsiderou.
6. Sua aversão ___ filmes de terror era imensa.
7. Um cheiro desagradável ___ peixe tomava conta do ambiente.
8. Era poeta, mas não era dado ___ expansões sentimentais.
9. Éramos devotos ___ santa de nossa estima desde pequeninos.
10. Temos que ser gratos ___ Deus, sem o qual nada teríamos.
11. Sou eternamente grato ___ família que construí.
12. Tinha horror ___ aranhas que viviam nas paredes do velho sótão.
13. Muitas pessoas tem horror ___ aranhas e escorpiões.
14. Os alunos foram hostis ___ nova colega de sala.

15. A água é indispensável ___ sobrevivência humana na Terra.
16. Estas dificuldades são inerentes ___ função que você exerce.
17. Você acha que remédios naturais são preferíveis ___ remédios alopáticos?
18. O clima não era propício ___ discussões vulgares.
19. O momento não era propício ___ discussão daquele problema.
20. Em respeito ___ alunas, a professora atendeu ao que elas solicitavam.
21. Decidiu, em resposta ___ carta que recebeu, manter completo silêncio.
22. Devemos dar resposta imediata ___ demandas da população.
23. A carne exótica, bem temperada, tinha sabor ___ peixe.
24. A sede do governo do Estado fica situada ___ rua Floriano Peixoto.
25. A explicação foi útil ___ todos os alunos presentes.

4 - Reproduzimos, abaixo, algumas frases dos exercícios anteriores; sem consultá-los, resolva-os novamente, atentando-se à crase (onde cabível, faça o teste de substituição pelo masculino com a palavra indicada entre parênteses):

1. "A paz *sucede* ___ guerra?", perguntou-me. (confronto)
2. "*Obedeça* ___ pessoas mais velhas", meus pais me ensinavam. (homens)
3. A decisão *agradou* ___ pessoas, unanimemente. (presentes)
4. A decisão não *agradou* ___ mães dos alunos. (pai)
5. A função ___ qual *aspiramos* demanda muito trabalho. (cargo)
6. A função ___ que *aspiro* é muito desafiadora. (cargo)
7. A jovem já não *quer* mais ___ mãe; prefere os namoradinhos. (pai)
8. A máquina era útil ___ todas as pessoas. (trabalhadores)
9. A máquina era útil ___ trabalhadoras. (trabalhadores)
10. A mocinha já não *quer* mais ___ bonecas. (brinquedos)
11. A paciente ___ que *assistimos* acabou falecendo. (o paciente)
12. A *resposta* ___ demandas demorou a chegar. (pedidos)
13. A testemunha *respondeu* ___ perguntas sem hesitação. (questionamentos)
14. *Aludiu-se* ___ questão durante a reunião. (fato)
15. Antissocial, tinha *horror* ___ pessoas com quem trabalhava. (amigos)

16. As pacientes ___ quais *assistimos* já receberam alta. (os pacientes)
17. As regras ___ quais *obedeço* me são impostas. (códigos)
18. As regras ___ que *obedeço* são impostas a mim. (códigos)
19. As vítimas *aspiraram* ___ fumaça do incêndio. (gás)
20. *Cheguei* ___ casa dos meus pais lá pelo fim da tarde. (lar)
21. Comportou-se de forma *hostil* ___ novatas. (novatos)
22. Desde jovem ele era *dado* ___ bebida. (vício)
23. Devemos *obediência* ___ pessoas mais velhas. (homens)
24. Devido ao assédio, *abdiquei* ___ função. (cargo)
25. É necessário que todos *atentem* ___ regras do jogo. (códigos)
26. Ele não estava *apto* ___ função de diretor. (cargo)
27. Ele não tinha *simpatia* ___ colegas de trabalho. (amigos)
28. Ele permaneceu completamente *alheio* ___ críticas recebidas. (boatos)
29. Eles *visavam* ___ evolução material e espiritual. (progresso)
30. Em *atenção* ___ pessoas, decidiu falar. (presentes)
31. Em *respeito* ___ mãe, preferiu não discutir. (pai)
32. Eram completamente *devotos* ___ santa. (santo)
33. Estava *acostumado* ___ ofensas dos colegas. (insultos)
34. Este problema é *inerente* ___ questão em pauta. (caso)
35. Eu *almejava* ___ direção da escola. (cargo)
36. Eu tinha *aversão* ___ histórias de terror que meu pai lia. (contos)
37. Foi dispensado porque não *satisfazia* ___ necessidades do edital. (requisitos)
38. *Informamos* ___ candidatas o resultado da seleção. (candidatos)
39. *Informamos* do resultado da seleção ___ candidatas. (candidatos)
40. Jamais *perdoarei* ___ ofensas que ele me dirigiu. (insultos)
41. *Lembrei* ___ crianças que no dia seguinte haveria prova. (alunos)
42. Morava *próximo* ___ escola em que estudava. (colégio)
43. No final, todos *anuíram* ___ decisão tomada. (acordo)
44. O atendente *atendeu* ___ clientes com presteza. (os clientes)
45. O momento era *propício* ___ divagações poéticas. (sonhos)
46. O novo chefe *presidiu* ___ reunião de associados. (encontro)

47. O professor era *acessível* ___ alunas. (alunos)
48. O professor não tinha *afeição* ___ alunas. (alunos)
49. O que você diz não é *pertinente* ___ discussão. (debate)
50. Os alunos tinham *antipatia* ___ professoras. (professores)
51. Os passantes *ajudaram* ___ vítimas. (feridos)
52. *Pago* ___ empregadas bons salários. (empregados)
53. *Pago* ___ minhas contas pontualmente. (tributos)
54. *Perdoemos* ___ pessoas que nos ofendem. (indivíduos)
55. Permaneceu *avessa* ___ homenagens que lhe faziam. (tributos)
56. *Prefiro* uísque ___ cerveja. (vinho)
57. *Procedeu-se* ___ leitura dos autos do processo. (exame)
58. Quando *chegamos* ___ escola, o portão estava fechado. (colégio)
59. Quando *cheguei* ___ casa, fui direto para a cama. (lar)
60. Sentou-se *junto* ___ árvore e adormeceu. (arbusto)
61. Somos *gratos* ___ professoras pelos ensinamentos. (professores)
62. Somos *gratos* ___ todas vocês pela ajuda. (todos)
63. Tinha verdadeira *aversão* ___ histórias de terror. (filmes)
64. Todos devem *atender* ___ regulamentação. (código)
65. Todos, sem exceção, devem *obedecer* ___ lei. (mandamento)
66. Trabalhávamos em condições *análogas* ___ escravidão. (servilismo)
67. Um *cheiro* forte ___ gasolina invadiu o ambiente. (querosene)
68. Vinho é sempre *preferível* ___ cerveja. (uísque)
69. *Visou* ___ presa e disparou um tiro certeiro. (animal)
70. Você já *assistiu* ___ peça que está em cartaz? (filme)

RESPOSTAS

Exercícios de Aprendizagem

Exercícios 1

1. à / a
2. a
3. à
4. às / as
5.às / as
6. as
7. as / às
8. a
9. à
10. a
11. à
12. à
13. a
14. à
15. a
16. a
17. à
18. às
19. a
20. às
21. à / a
22. às / as
23. às (= atentar)
24. as / às
25. às
26. à
27. à
28. as
29. às
30. à
31. à
32. às
33. a
34. à
35. as
36. à
37. as
38. a
39. a / à
40. a / à
41. a
42. às / as
43. à
44. as
45. às
46. às
47. à
48. às
49. a
50. às
51. as / às
52. à
53. à
54. a
55. à
56. a

Exercícios 2

1. abdiquei o / ao cargo → à função
2. agradou os / aos presentes → as / às pessoas
3. agradou os / aos pais → as / às mães
4. ajudaram os feridos → as vítimas
5. almejava o cargo → a direção
6. aludiu-se ao fato → à questão
7. anuíram ao acordo → à decisão
8. aspiraram o gás → a fumaça
9. o cargo a que aspiro → a função a que aspiro
10. o cargo ao qual aspiramos → a função à qual aspiramos
11. o paciente a que assistimos → A paciente a que assistimos
12. os pacientes os / aos quais assistimos → as pacientes as / às quais assistimos
13. assistiu ao filme → à peça
14. atendeu os / aos clientes → as / às clientes
15. atender ao código → à regulamentação (= atentar)
16. atentem aos códigos → às regras
17. chegamos ao colégio → à escola
18. cheguei ao lar → à casa
19. a (isto é, "cheguei em casa")
20. informamos os candidatos → as candidatas
21. informamos... aos candidatos → às candidatas
22. lembrei aos alunos → às alunas
23. obedeça aos homens → às pessoas
24. os códigos aos quais obedeço → as regras às quais obedeço
25. os códigos a que obedeço → as regras a que obedeço
26. obedecer ao mandamento → à lei
27. pago os meus tributos → as minhas contas
28. pago aos empregados → às empregadas
29. perdoarei os insultos → as ofensas
30. perdoemos aos indivíduos → às

31. prefiro uísque a licor → a cerveja
32. presidiu o / ao encontro → a / à reunião
33. procedeu-se ao exame → à leitura
34. não quer mais os brinquedos → as bonecas
35. já não quer mais ao pai → à mãe
36. respondeu aos questionamentos → às perguntas
37. satisfazia os / aos requisitos → as / às necessidades
38. sucede ao confronto → à guerra
39. visavam ao progresso → à evolução
40. visou o animal → a presa

Exercícios 3

1. acessível aos alunos → às alunas
2. acostumado aos insultos → às ofensas
3. afeição aos alunos → às alunas
4. alheio aos boatos → às críticas
5. análogas a / ao servilismo → a / à escravidão
6. antipatia aos professores → às professoras
7. apto ao cargo → à função
8. em atenção aos presentes → às pessoas
9. aversão a filmes → a histórias
10. aversão aos contos → às histórias
11. avessa aos tributos → às homenagens
12. cheiro a querosene → a gasolina
13. dado ao vício → à bebida
14. devotos ao santo → à santa
15. gratos a todos vocês → a todas vocês
16. gratos aos professores → gratos às professoras
17. tinha horror aos amigos → tinha horror às pessoas
18. de forma hostil aos novatos → às novatas
19. inerente ao caso → à questão

20. sentou-se junto ao arbusto → à árvore
21. devemos obediência aos homens → às pessoas
22. não é pertinente ao debate → à discussão
23. preferível a uísque → a cerveja
24. propício a / aos sonhos → a / às divagações
25. próximo ao colégio → à escola
26. em respeito ao pai → à mãe
27. resposta aos pedidos → às demandas
28. simpatia aos amigos → às colegas
29. útil a todos os trabalhadores → a todas as pessoas
30. útil aos trabalhadores → às trabalhadoras

Exercícios de Fixação

Exercícios 1

1. (C)
2. (C)
3. (C)
4. (C)
5. (E)
6. (E)
7. (C)
8. (C)
9. (C)
10. (E)
11. (C)
12. (C)
13. (C)
14. (C)
15. (C)
16. (C)
17. (C)
18. (C)
19. (C)
20. (E)
21. (E)
22. (E)
23. (C)
24. (C)
25. (C)
26. (E)
27. (C)
28. (E)
29. (C)
30. (E)
31. (E)
32. (C)
33. (C)
34. (C)
35. (C)
36. (E)
37. (C)
38. (C)
39. (C)
40. (C)
41. (E)

Exercícios 2

1. abdicou à / a (função)
2. à / a ... abdicou
3. agradou as / às freguesas
4. ajudaram as / às (vítimas)
5. almejava a (fama)
6. a ... aludimos
7. anuíram à (proposta)
8. aspirar a (fumaça)
9. a ... aspiro
10. à ... aspiro
11. assistir às (novelas)
12. às ... assisto
13. atenda as / às (clientes)
14. atentou às (novas regras)
15. informou as (alunas)
16. informou ... às (alunas)
17. lembrou à (mãe)
18. obedeça ... à (lei)
19. pagou as (contas)
20. pague ... às (empregadas)
21. perdoe as (ofensas)
22. prefiro ... a (cerveja)
23. presidir a / à (reunião)
24. A reunião que / a que ele presidiu
25. procederemos à (leitura)
26. querem ... às (crianças)
27. responda à (entrevista)
28. responda às (pessoas)
29. satisfazia as / às (exigências)
30. sucede à (ganância)
31. visava ... à (fama)
32. visou a (onça)

Exercícios 3

1. à
2. a / às
3. a / às
4. à
5. às
6. a
7. a
8. a/às
9. à
10. a
11. à
12. às
13. a
14. à
15. à
16. à
17. a
18. a/às
19. à
20. às
21. à
22. às
23. a
24. à
25. a

Exercícios 4

1. sucede ao confronto (à guerra)
2. obedeça aos homens (às pessoas)
3. agradou os / aos presentes (as/às pessoas)
4. agradou o / ao pai (as / às mães)
5. o cargo ao qual / (a função) à qual aspiramos
6. o cargo a que / (a função) a que aspiro
7. não quer mais ao pai (à mãe)
8. útil a todos os trabalhadores (a todas as pessoas)
9. útil aos trabalhadores (às trabalhadoras)
10. não quer mais os brinquedos (as bonecas)
11. o paciente que (ou "a que") (a paciente que [ou "a que"] assistimos)
12. resposta aos pedidos (às demandas)
13. respondeu aos questionamentos (às perguntas)
14. aludiu-se ao fato (à questão)
15. tinha horror aos amigos (às pessoas)
16. os pacientes os/aos quais (as pacientes) as/às quais
17. os códigos aos quais (as regras às quais obedeço)
18. os códigos a que obedeço (as regras) a que...
19. aspiraram o gás (a fumaça)
20. cheguei ao lar (dos meus pais) (à casa)
21. de forma hostil aos novatos (às novatas)
22. dado ao vício (à bebida)
23. devemos obediência a/aos homens (a/às pessoas)
24. abdiquei a/ao cargo (a/à função)
25. atentem aos códigos (às regras)
26. apto ao cargo (à função)
27. simpatia aos amigos (às colegas)
28. alheio aos boatos (às críticas)
29. visavam ao progresso (à evolução)
30. em atenção aos presentes (às pessoas)

31. em respeito ao pai (à mãe)
32. devotos ao santo (à santa)
33. acostumado aos insultos (às ofensas)
34. inerente ao caso (à questão)
35. almejava o cargo (de) (a direção)
36. aversão aos contos / às histórias
37. não satisfazia os / aos requisitos (as / às necessidades)
38. informamos aos candidatos (às candidatas)
39. informamos ... os candidatos (as candidatas)
40. perdoarei os insultos (as ofensas)
41. lembrei aos alunos (às crianças)
42. próximo ao colégio (à escola)
43. anuíram ao acordo (à decisão)
44. atendeu os / aos clientes (as / às clientes)
45. propício a/aos sonhos (a/às divagações)
46. presidiu o / ao encontro (a / à reunião)
47. acessível aos alunos (às alunas)
48. afeição aos alunos (às alunas)
49. pertinente ao debate (à discussão)
50. antipatia aos professores (às professoras)
51. ajudaram os/aos feridos (as/às vítimas)
52. pago aos empregados (às empregadas)
53. pago (os) meus tributos ([as] minhas contas)
54. perdoemos aos indivíduos (às pessoas)
55. avessa aos tributos (às homenagens)
56. prefiro uísque a vinho (a cerveja)
57. procedeu-se ao exame (à leitura)
58. chegamos ao colégio (à escola)
59. cheguei a casa (isto é, "cheguei em casa")
60. junto ao arbusto (à árvore)
61. gratos aos professores (às professoras)

62. gratos a todos vocês (a todas vocês)
63. aversão a/aos filmes (a/às histórias)
64. atender ao código (à regulamentação) (= atentar)
65. obedecer ao mandamento (à lei)
66. condições análogas a/ao servilismo (a/à escravidão)
67. cheiro a querosene (a gasolina)
68. preferível a uísque (a cerveja)
69. visou o animal (a presa)
70. ao filme (à peça)

3. Acento Grave nas Locuções (Adverbiais, Preposicionais e Conjuntivas)

Observe atentamente os exemplos abaixo:

Ele passou *a tarde* em casa. (isto é, ficou em casa durante toda a tarde)
Ele passou à tarde em casa. (em determinado momento, durante a tarde, passou em casa, e de lá foi a outro lugar)

No primeiro exemplo, o "a" em "a tarde" é simples **artigo definido**. Façamos o teste de substituição pelo masculino: "Ele passou *o* dia em casa", donde verificamos a correlação A → O.

Já no segundo, o "a" é simples **preposição**. O verbo "passar", no contexto, não rege **preposição**. Por que, então, ocorre o acento, se falta uma das condições para a crase?

Para diferenciar o **adjunto adverbial** (formado por **locução adverbial**) de outras **estruturas sintáticas** da língua, como nos exemplos a seguir:

> Chegou *a noite*. (a noite é que chegou – **sujeito**)
> Chegou à noite. ([Alguém] chegou à noite – **adjunto adverbial de tempo**)
> Ela lavou *a mão*. (lavou-a – **objeto direto**)
> Ela lavou à mão. (**adjunto adverbial de instrumento**)

Ampliemos os dois últimos exemplos, para você perceber a diferença:

> Ela lavou *a mão* ensanguentada.
> Ela lavou o tênis à mão, e não à máquina.

Contrastem-se, ainda, os exemplos seguintes:

Não bata *a porta*, por favor. Feche-a devagar. (jogar a porta com estrondo – **objeto direto**)
Estão batendo à porta. Vou atender. (batendo na porta – **adjunto adverbial de lugar**)
Saiu *a francesa*. (**sujeito**, isto é "ela [a francesa] saiu")
Saiu à francesa. (**adjunto adverbial de modo**, isto é, sair "de fininho")
Matou *a fome*. (saciou a fome – saciou-a – **objeto direto**)
Matou à *fome*. (matou de fome – **adjunto adverbial de causa**)
Recebeu *a bala*. (o doce) (recebeu-a – **objeto direto**)
Recebeu à bala. (recebeu alguém a tiros – **adjunto adverbial de modo**)
Desenhou *a mão*. (a mão é a coisa desenhada – desenhou-a – **objeto direto**)
Desenhou à mão. (fez o desenho usando as mãos – **adjunto adverbial de meio**)
Cheirava *a gasolina*. (inalava, aspirava – cheirava-a – **objeto direto**)
Cheirava à gasolina. (exalava de si o cheiro de gasolina – **objeto indireto**)
Viu *a distância*. (a distância é a coisa vista – viu-a – **objeto direto**)
Viu à distância. (viu algo, estando distante – **adjunto adverbial de lugar**)

Empregaremos o acento grave nas **locuções adverbiais** formadas exclusivamente por núcleo/palavra feminina, mesmo que não ocorra a fusão de "a" + "a(s)".

Veja, a seguir, alguns exemplos de **locuções adverbiais** craseadas:

à *baiana* – Saboreamos um delicioso angu à *baiana*. (feito à *moda* baiana) (**adj. adv. de modo**)
à *beça* – Divertimo-nos à beça durante a festa. (**adj. adv. de intensidade**)
à *beira-mar* – Durante a noite, passeávamos à beira-mar. (**adj. adv. de lugar**)

à *chegada* – O fato se deu à chegada dos forasteiros. (na/no momento da chegada) (**adj. adv. de tempo**)

à *deriva* – O barco vagava pelo mar, completamente à *deriva*. (**adj. adv. de modo**)

à *direita* – Siga reto e vire à *direita* no semáforo. (**adj. adv. de lugar**)

à *disposição* – Estou à *disposição* para quaisquer esclarecimentos. (**adj. adv. de modo**)

à *esquerda* – Vire à esquerda depois do sinaleiro. (**adj. adv. de lugar**)

à *exaustão* – Os carvoeiros trabalhavam à exaustão. (**adj. adv. de modo**)

à *fantasia* – Fomos a um rico baile à fantasia. (... vestidos à fantasia) (**adj. adv. de modo**)

à *farta* – Comeu à *farta*, até não aguentar mais. (**adj. adv. de modo**)

à *força* – Arrancou-lhe as confissões todas à *força*. (**adj. adv. de modo**)

à *francesa* – Sem querer ser notada, saiu da festa à *francesa*. (**adj. adv. de modo**)

à mão – Fez o desenho à *mão*, não no programa de computador. (**adj. adv. de instrumento/meio**)

à *meia-noite* – O trem partirá pontualmente à meia-noite. (**adj. adv. de tempo**)

à *mesa* – Estávamos à mesa, esperando o jantar. (*junto* à mesa) (**adj. adv. de lugar**)

à *milanesa* – Sempre gosta de comer frango à (moda) milanesa. (**adj. adv. de modo**)

à míngua – As crianças e os animais morriam à *míngua* nas ruas. (**adj. adv. de modo**)

à *paisana* – O policial estava à *paisana* quando o confronto ocorreu. (**adj. adv. de modo**)

à *parte* – Numa folha à *parte*, escreva as palavras que vou ditar. (**adj. adv. de modo**)

à *prestação* – Sempre pago à *prestação*, geralmente no crédito. (**adj. adv. de modo**)

à *prova* – Sua coragem foi posta à *prova* naquele momento. (**adj. adv. de modo**)

à *queima-roupa* – Um tiro à queima-roupa liquidou o rival. (dado à queima-roupa) (**adj. adv. de modo**)

à ré – Quando demos marcha à *ré*, conseguimos sair do atoleiro. (**adj. adv. de modo**) à *risca* – Ele seguia à risca as prescrições médicas. (**adj. adv. de modo**)

à *sombra* – Não deixe as roupas secando ao sol; deixe-as à *sombra*. (na sombra) (**adj. adv. de lugar**)

à *toa* – Ele fica o dia todo à *toa*, vendo televisão, sem fazer absolutamente nada. (**adj. adv. de modo**)

à *uma/zero hora* – A reunião começará à uma (hora), pontualmente. (**adj. adv. de tempo**)

à *venda* – Pusemos nosso precioso carro à *venda*. (para venda) (**adj. adv. de finalidade**)

à *vista* – Não gosto de pagar a prazo; prefiro pagar à *vista*. (**adj. adv. de modo**)

às *avessas* – Minha vida estava às *avessas*, nada parecia estar no lugar. (**adj. adv. de modo**)

às *carreiras* – Fazia tudo às *carreiras*, sem organização. (apressadamente) (**adj. adv. de modo**)

às *cegas* – Ela não se arrisca nesses encontros às *cegas* dos aplicativos. (**adj. adv. de modo**)

às *claras* – Decidimos ter uma conversa para pôr tudo às *claras*. (**adj. adv. de modo**)

às *escondidas* – Fez tudo às *escondidas*, para que ninguém o incomodasse. (**adj. adv. de modo**)

às *pressas* – Saímos às *pressas* (ou *à pressa*) para não perder o voo. (**adj. adv. de modo**)

às *vezes* – Às *vezes* sinto vontade de jogar tudo para o alto. (**adj. adv. de tempo**)

... etc.

Observação:

Apenas a título de curiosidade, note-se que a NGB (Nomenclatura Gramatical Brasileira) não oferece nenhuma classificação para o **adjunto adverbial** (a **função sintática**), mas apenas para a **classe morfológica**.

Num passado distante, não se empregava o acento de crase nas locuções adverbiais. A necessidade de clareza (ou desambiguação) fez com que o sinal, cuja função primordial era assinalar a relação entre os **termos regente** (antecedente) e **regido** (consequente) passasse a ser empregado também nas referidas locuções, uso estendido às **locuções prepositivas** e **locuções conjuntivas proporcionais** (neste último caso, apenas duas: *à medida que* e *à proporção que*).

FIQUE ATENTO!!!

As **locuções adverbiais** e as **prepositivas** podem ser parecidas (exprimem circunstâncias semelhantes), mas é muito fácil distinguir uma da outra: a primeira é formada, em geral, de **preposição** + **substantivo** (entre outras possibilidades), como em "O gato está *no sofá*" (no = *em* + o); já a segunda termina sempre com uma **preposição**: "O gato está *em cima do* sofá" (do = *de* + o).

As locuções prepositivas que levam crase, em sua maioria, começam com a **preposição** "a" e terminam com a **preposição** "de".

Vejamos, abaixo, uma lista de **locuções prepositivas** craseadas:

à *altura de* – A moça procurava um noivo à altura de sua posição social.
à *base de* – Vivia à base de pão e água, na sua busca de ascetismo espiritual.
à *beira de* – Passávamos os fins de tarde à beira do mar nas férias de verão. (do = de + o)
À busca de – À busca de aventura, acabaram por perderem-se na vida.
à *caça de* – Vivia à caça de novas aventuras amorosas, decepcionando-se sempre.
à *custa de* – O jovem não pretendia mais viver à custa (ou *às custas*) dos pais. (dos = de + os)
à *espera de* – Todos estávamos à espera de que acontecesse algum milagre.
à *espreita de* – O criminoso vigiava atentamente, à espreita de sua vítima desavisada.
à *exceção de* – À exceção de dois ou três alunos, todos os demais foram reprovados.

à *frente de* – À frente do grupo, ia um líder preparado contra todos os perigos.
à *maneira de* – Gostava de pronunciar o inglês à maneira dos britânicos.
à *mercê de* – Sem motor, o barco vagava pelo mar, completamente à mercê dos ventos.
à *moda de* – Sempre que vai à Lapa, gosta de comer um bife à (moda [de]) Osvaldo Aranha.
à *procura de* – Os jovens estão à procura de colocação no mercado de trabalho.
à *prova de* – Para se proteger, o policial usava um colete à prova de bala.
à *revelia de* – Ousou chegar tarde a casa, à revelia da ordem de seus pais. (da = de + a)
à *vista de* – Os pais evitavam discutir à vista dos filhos. (isto é, em/na presença de).
à *margem de* – Os marginais são aqueles que vivem à margem da sociedade.
às *portas de* – Somente quando estava às portas da morte, resolveu converter-se.
às vésperas de – Às vésperas do Natal, os parentes chegaram do interior para as festividades.

... etc.

Observação:

A **locução** "às custas de" (no plural), embora condenada por muitos puristas, já encontra plena aceitação na língua vernácula; no entanto, ressaltamos que a expressão rigorosamente recomendada pela gramática normativa é "à custa de"; atente-se, pois, ao contexto de uso.

Eis, a seguir, uma lista de locuções craseadas (**adverbiais** e **prepositivas**), algumas delas pouco comuns:

à (minha, sua... etc.) espera	à feição (de)	à saída
à baila	à flor da pele	à socapa

à baioneta
à boca pequena/miúda
à bruta
à cabeceira (de)
à calada
à carga
à cata (de)
à chave
à conta (de)
à cunha
à disparada
à escovinha
à escuta
à espada
à evidência
à falta (de)
à fresca
à guisa de
à luz
à mão armada
à mão direita/esquerda
à marinheira
à minuta
à morte
à mostra
à ponta de faca
à primeira vista
à prova d'água
à raiz de
à razão de
à rédea curta
à retaguarda
à solta
à sorrelfa
à sorte
à tripa forra
às armas
às ave-marias
às barbas de
às boas
às cambalhotas
às carradas
às centenas
às costas
às dúzias
às encobertas
às favas

Por fim, uma lista de **locuções** não craseadas (porque são formadas por núcleo / palavra masculina):

a álcool (mover-se a álcool)
a caráter (vestir-se a caráter)
a cargo de
a curto prazo
a esmo (andar a esmo)
a estibordo (navegar a estibordo)
a ferro (passar a ferro)
a ferro e fogo
a frio (extrair a frio)
a fundo
a galope
a nado
a óleo (pintar a óleo)
a olho nu
a par (estar/ficar a par)
a pino
a propósito (de)
a público (vir a público)
a querosene (mover-se a querosene)
a rigor (vestir-se a rigor)
a seco (lavar a seco)
a sério

a gás
a gosto
a jato
a mando de
a meio pau
a montante
a serviço (de) (estar a serviço [de])
a tempo
a tempo e horas (no momento exato)
a termo (levar a termo)
a toque de caixa
a trote (cavalgar a trote)
a vapor

CONCLUINDO

Na **locução** "à distância", recomenda-se usar o acento apenas quando a palavra "distância" vier determinada, especificada: "Observávamos a confusão à distância <u>de alguns metros</u>", mas tem sido prática vastamente abonada o uso do acento, mesmo quando não ocorre a referida determinação.

Nas **locuções adverbiais de instrumento**, em geral, é dispensável o acento, a menos que haja necessidade de desambiguação ("Resolva a prova *a/à caneta*"); como no exemplo anterior, porém, também é prática generalizada o emprego do acento nas referidas **locuções**, mesmo quando não há ambiguidade (dispensável não quer dizer proibido).

O artifício de substituição do feminino pelo masculino, que vimos anteriormente, não funciona muito bem no caso das **locuções**, devendo ser empregado apenas em caso de **crase regencial**; prova-o este exemplo:

> Pagarei as compras *à* vista. (permutemos "vista" por "prazo" → "Pagarei as contas *a* prazo")

Mesmo não resultando "ao" no masculino, a **locução** (**adverbial**) de modo "à vista" é sempre craseada (por convenção, tradição).

Por fim, analisemos este exemplo:

> Resolva a prova *a* (ou *à*) caneta. Permutemos: → lápis: "Resolva a prova *a* lápis."

Aqui, apenas aparentemente, o princípio da substituição pelo masculino parece se aplicar, mas não se aplica de fato, pois as palavras "prova" e "lápis" não regem **preposição** (não existem, no caso, os **termos regente** e **regido**).

Exercícios de Aprendizagem

1 - Classifique as locuções destacadas: locução adverbial (LA) ou locução prepositiva (LP):

Observação: O sinal grave, onde devido, foi omitido por razões didáticas.

1. A frente de todos nós, marchava o grande líder.
2. Ele ia a frente, guiando a marcha dos manifestantes.
3. A paciente definhava lentamente, a míngua.
4. A reunião começa a zero hora, pontualmente.
5. As vezes não confio nas suas palavras.
6. — Bem-vindos a bordo! — disse o piloto.
7. Encontros as cegas são extremamente arriscados.
8. Estava vivendo na penúria, a base de pão e água.
9. Estou a espera de uns resultados de exames.
10. Os resultados ainda não saíram. Estou a espera.
11. Fazia tudo como queria, a revelia de ordens ou conselhos.
12. Não gosto de comprar a crédito. Pago tudo a vista.
13. Não iremos de bicicleta ao arraial; iremos a pé.
14. Não posso ficar a mercê de seus caprichos.
15. Aqui não usamos lenha. Cozinhamos a gás.

16. Naquele dia, nossa amizade foi posta a prova.
17. Nossa casa estava a venda há muito tempo.
18. O casal vivia as custas de doações dos amigos.
19. O rapaz se irritava a toa, por qualquer coisa.
20. Todos já estão sentados a mesa, aguardando.
21. Todos responderam, a uma, que concordavam.
22. Todos disseram, a uma só voz, que discordavam.
23. Transcrevi as respostas numa folha a parte.
24. Os pais não devem brigar a vista de seus filhos.
25. Eu adoro um bom bife de boi a milanesa.

2 - Empregue o sinal de crase no a(s) destacado, onde for cabível:

1. Ao sair, não bata a porta, por favor. Feche-a devagar.
2. Acho que alguém está batendo a porta. Vou ver quem é.
3. Sem querer ter que se despedir, resolveu sair a francesa.
4. Saiu primeiro a francesa, e depois a inglesa, a brasileira...
5. Como estava faminto, matou a fome na hora do almoço.
6. Torturaram o prisioneiro e mataram-no a fome.
7. Fique a vontade onde ela está: apenas no mundo das ideias.
8. Por favor, sinta-se em casa. Entre e fique a vontade.
9. O menino recebeu a bala com grande alegria. Adorava doces.
10. A polícia recebeu os manifestantes a bala e bombas.
11. Não usei nenhum programa. Desenhei tudo a mão.
12. Desenhou primeiro a mão, depois os braços, as pernas...
13. Adoeceu porque cheirava a gasolina, mesmo involuntariamente.
14. O rapaz cheirava a gasolina. Não havia banho que resolvesse!
15. Quando viu a distância que teria de percorrer, desistiu da competição.
16. Sem ser notado, viu, a distância, que tentavam invadir a casa.
17. Aquela hora não era apropriada para conversarmos.
18. Aquela hora todas as crianças já deviam estar na cama.

19. Todas as vezes que nos encontramos, discutimos.
20. Nem sempre discutimos; mas as vezes acontece.

3 - Substitua o que está destacado por uma locução formada com a palavra entre parêntese, usando, se necessário, o acento grave.

Nós nos divertimos muito. (beça)
Veja um exemplo: ***Nós nos divertimos à beça.***

1. Ele não estava se sentindo confortável. (vontade)
2. O barco vagava sem direção. (deriva)
3. Estamos disponíveis. (disposição)
4. Fomos a um baile de máscaras. (fantasia)
5. Comeu até se fartar. (farta)
6. Fizeram-no falar sem seu consentimento. (força)
7. Ele saiu de fininho, para não ser notado. (francesa)
8. Fez o desenho manualmente. (mão)
9. Os gatos morriam minguando nas ruas. (míngua)
10. O policial estava sem a farda. (paisana)
11. Anote tudo numa folha separada. (parte)
12. Se necessário, pague parcelado. (prestação)
13. Pagarei no ato. É melhor. (vista)
14. Sua fé foi posta sob teste. (prova)
15. Foi alvejado de perto. (queima-roupa)
16. Dê uma ré, pois estamos atolados. (marcha)
17. Não deixe as roupas no sol. Seque-as em ambiente fechado. (sombra)
18. Passei todo o dia sem fazer nada. (toa)
19. Estes produtos estão sendo comercializados. (venda)
20. Vestiu a roupa do lado errado. (avessas)
21. Ele sempre faz tudo correndo. (carreiras)
22. Vamos deixar as coisas bem explicadas. (claras)

23. Não faça nada escondido. (escondidas)
24. Vive correndo, sempre ocupado. (pressas)
25. De vez em quando, vou ao clube. (vezes)
26. Procuro uma mulher condizente com minha posição. (altura)
27. Fim de tarde, passeávamos junto ao mar. (beira)
28. Não quero viver mais dependendo de meus pais. (custa)
29. Nós já estávamos aguardando uma notícia desalentadora. (espera)
30. O matador, pacientemente, estava emboscando sua vítima. (espreita)
31. O balão era jogado de um lado pro outro, conforme a vontade do vento. (mercê)
32. Fez tudo como queria, contrariamente aos avisos que recebeu. (revelia)
33. Os pais discutiam muito na presença das crianças. (vista)
34. Chegou em casa pouco antes dos festejos de Ano-Novo. (vésperas)
35. Naquela hora, todos já deviam estar dormindo. (aquela)

Exercícios de Fixação

1 - Reproduzimos, abaixo, da exposição teórica e dos exercícios anteriores, algumas frases, com uma ou outra alteração. Sem consultá-las, empregue *a(s)* ou *à(s)*:

1. ___ exceção de dois ou três alunos, todos os demais foram reprovados.
2. ___ frente do grupo, ia um líder preparado contra todos os perigos.
3. A moça já não pretendia mais viver ___ custa(s) do marido.
4. A moça procurava um noivo ___ altura de sua posição social.
5. Amigo, vire ___ esquerda depois do sinaleiro e siga reto.
6. Arrancou-lhe as confissões todas ___ força.
7. As crianças e os animais morriam ___ míngua nas ruas.
8. ___ vésperas do Natal, os parentes chegaram do interior para as festividades.
9. ___ vezes sinto vontade de jogar tudo para o alto e desaparecer no mundo.
10. Colocamos nosso precioso apartamento ___ venda.

11. Comeu ___ farta, como um porco, até não aguentar mais.
12. Como estávamos atrasados, saímos ___ pressas para não perder o voo.
13. Decidimos ter uma conversa decisiva para pormos tudo ___ claras.
14. Divertimo-nos ___ beça durante a festa de formatura.
15. Ela não se arrisca nesses encontros ___ cegas dos aplicativos de namoro.
16. Ele fica o dia todo ___ toa, vendo televisão, fazendo absolutamente nada.
17. Ele seguia ___ risca todas as prescrições e recomendações de seu médico.
18. Estou ___ disposição para quaisquer esclarecimentos.
19. Faziam tudo ___ carreiras, sem a menor organização.
20. Fez tudo ___ escondidas, para que ninguém o incomodasse.
21. Fomos a um grande baile ___ fantasia.
22. Gostava de seu inglês pronunciado ___ maneira britânica.
23. Gostávamos de passear ___ beira-mar nos dias de sol.
24. Minha vida estava ___ avessas, nada parecia estar no lugar.
25. Não deixe as roupas secando ao sol; deixe-as ___ sombra.
26. Não gosto de pagar a prazo; prefiro pagar ___ vista.
27. Numa folha ___ parte, escreva as palavras que vou ditar.
28. O criminoso vigiava atentamente, ___ espreita de sua vítima desavisada.
29. O monge vivia ___ base de pão e água, em busca de ascetismo espiritual.
30. O navio fantasma vagava pelo mar, completamente ___ deriva.
31. O policial estava ___ paisana quando o confronto ocorreu.
32. O tiroteio se deu ___ chegada dos forasteiros.
33. O trem partirá pontualmente ___ meia-noite. Não se atrasem.
34. Os filhos esperavam ___ mesa, prontos para o jantar.
35. Os jovens estão ___ procura de colocação no mercado de trabalho.
36. Os marginais são aqueles que vivem ___ margem da sociedade.
37. Os meninos carvoeiros trabalhavam ___ exaustão, como escravos.
38. Os pais, sabiamente, evitavam brigas ___ vista dos filhos.
39. Ousou chegar tarde a casa, ___ revelia da ordem de seus pais.
40. Para se proteger, o policial usava um colete ___ prova de bala.
41. Passávamos os fins de tarde ___ beira do mar nas férias de verão.

42. Quando demos marcha ___ ré, conseguimos tirar o carro do atoleiro.
43. Saboreamos um delicioso angu ___ baiana naquele restaurante.
44. Sem motor, o barco vagava pelo mar, completamente ___ mercê dos ventos.
45. Sem querer ser notada, saiu da festa ___ francesa, sem se despedir.
46. Sempre gosta de comer frango ___ milanesa.
47. Sempre pago ___ prestação, geralmente no crédito.
48. Sempre que vai à Lapa, gosta de comer um bife ___ Osvaldo Aranha.
49. Senhores conselheiros, a reunião começará ___ uma, pontualmente.
50. Siga reto e vire ___ direita no primeiro semáforo, senhora!
51. Somente quando estava ___ portas da morte, resolveu converter-se.
52. Sua coragem foi posta ___ prova naquele momento delicado.
53. Todos estávamos ___ espera de que acontecesse algum milagre.
54. Um tiro ___ queima-roupa liquidou de vez o seu rival.
55. Vivia ___ caça de novas aventuras amorosas, decepcionando-se sempre.

2 - Como no exercício anterior, as frases também já foram estudadas; sem consultá-las, coloque C (certo) ou E (errado) quanto ao *(a)s*, ou *à(s)* destacados:

1. ( ) — Bem-vindos à bordo! — disse o piloto.
2. ( ) A frente de todos nós, marchava o grande líder.
3. ( ) A grande atleta cruzou o canal da mancha a nado.
4. ( ) A paciente definhava lentamente, a míngua.
5. ( ) A reunião começa à zero hora, pontualmente.
6. ( ) A senhora gostava de joias banhadas à ouro.
7. ( ) Aqui não usamos lenha. Cozinhamos à gás.
8. ( ) Às vezes não confio nas suas palavras.
9. ( ) Deixemos tudo a gosto dos clientes!
10. ( ) Depois de passar as roupas a ferro, guardou-as.
11. ( ) Ele ia a frente, guiando a marcha dos manifestantes.
12. ( ) Encontros as cegas são extremamente arriscados.

13. ( ) Estava vivendo na penúria, à base de pão e água.
14. ( ) Estou à espera de uns resultados de exames.
15. ( ) Eu adoro um bom bife de boi a milanesa.
16. ( ) Eu estava viajando à serviço de minha empresa.
17. ( ) Fazia tudo como queria, à revelia de ordens ou conselhos.
18. ( ) Micróbios não podem ser vistos a olho nu.
19. ( ) Não esperamos resultados à curto prazo.
20. ( ) Não gosto de comprar à crédito. Pago tudo à vista.
21. ( ) Não iremos de bicicleta ao arraial; iremos a pé.
22. ( ) Não pergunta nada a ninguém. Faz tudo a seu bel-prazer.
23. ( ) Não posso ficar à mercê de seus caprichos.
24. ( ) Naquela lavanderia, lavam peças a seco.
25. ( ) Naquele dia, nossa amizade foi posta a prova.
26. ( ) Nossa casa estava à venda há muito tempo.
27. ( ) O acordo foi levado à termo depois de muita disputa.
28. ( ) O azeite é caro porque é extraído à frio.
29. ( ) O barco à vapor atraía visitantes para a beira do rio.
30. ( ) O carro é movido à álcool e a gasolina.
31. ( ) O casal vivia as custas de doações dos amigos.
32. ( ) O pintor, eclético, também gosta de pintar à óleo.
33. ( ) O rapaz se irritava à toa, por qualquer coisa.
34. ( ) Os pais não devem brigar a vista de seus filhos.
35. ( ) Os participantes foram escolhidos a dedo.
36. ( ) Os resultados ainda não saíram. Estou à espera.
37. ( ) Todos disseram, a uma só voz, que discordavam.
38. ( ) Todos já estão sentados a mesa, aguardando.
39. ( ) Todos responderam, à uma, que concordavam.
40. ( ) Transcrevi as respostas numa folha à parte.

3 - Preencha as lacunas com *a(s)* ou à(s)**, atentando-se na diferença de sentido:**

1. Chegou ___ noite e, com ela, também chegou o frio.
2. Ficou acordado toda ___ noite.
3. ___ noite, ficou acordado todo o tempo.
4. Quando cheguei ___ noite, estava muito cansado.
5. Ele sujou-se de tinta e foi ao banheiro lavar ___ mão.
6. Lave ___ mão. A lavadora pode danificar as peças.
7. "Bata ___ porta e aguarde atendimento", lia-se no cartaz.
8. Não bata ___ porta, por favor. Feche-a com cuidado.
9. Matou ___ sede e a fome que o atormentavam.
10. Seu algoz o matou ___ fome. Nada lhe dava para comer.
11. Nem pense em sair ___ francesa. Venha se despedir de todos!
12. Saíram da festa mais cedo ___ francesa e a sua amiga.
13. Envergonhada, a criança não quis receber ___ bala.
14. — Vamos receber todos___bala! — vociferou o bandido.
15. Desenhou ___ mão e a luva usando lápis de cera.
16. Não usei nenhum programa. Desenhei tudo ___ mão.
17. Cheirou ___ gasolina, achando o odor um pouco estranho.
18. Suas roupas, muito encardidas, cheiravam ___ gasolina.
19. Quando vi ___ distância, que era longa, desisti de ir a pé.
20. Como eu ouvia tudo ___ distância, não entendi muito bem.

4 - Complete as lacunas com *a(s)* ou *à(s)*:

1. Tutu ___ mineira é um prato delicioso.
2. Fomos recebidos com aplausos ___ chegada.
3. A igreja está ___ direita da praça central.
4. Colocamo-nos todos ___ disposição para ajudar.
5. Trabalhou ___ exaustão, sem descanso, toda ___ vida.
6. O grandioso baile ___ fantasia foi como um sonho de princesa.

7. Faminto, empanturrou-se de comida, ___ farta.
8. Levaram-no ___ força para o calabouço e o acorrentaram.
9. ___ meia-noite, o sino da matriz soou ___ doze badaladas.
10. Sentem-se ___ mesa, crianças, vou servir o lanche.
11. Entregue as respostas numa folha ___ parte.
12. Comprou ___ prazo, pois não podia pagar ___ vista.
13. Todos nós fomos postos ___ prova naquele momento.
14. Todos os colegas haviam intervindo ___ favor do aluno.
15. Era um rapaz trabalhador, não gostava de ficar ___ toa.
16. O jornal da madrugada começa ___ zero hora, pontualmente.
17. Não estávamos ___ par dos últimos acontecimentos.
18. Saímos ___ pressas, pois estávamos bastante atrasados.
19. Os mendigos viviam ___ míngua, vagando ___ esmo pelas ruas.
20. Conquistou seus sonhos todos, ___ custa de muito trabalho.
21. ___ exceção daquele professor, todos votaram ___ favor do projeto.
22. Como artista, era uma pessoa totalmente ___ frente de seu tempo.
23. ___ portas da morte, perdoou ___ todos os seus desafetos.
24. A moça já não suportava viver ___ mercê dos desmandos do pai.
25. O rapaz não tinha dinheiro. Vivia ___ custas de seus pais.
26. ___ frente do grupo, ia a cadelinha, guiando-os pela caatinga.
27. ___ vésperas das eleições, tentaram assassinar o candidato.
28. Com todos os passageiros e tripulação ___ bordo, o voo partiu.
29. O autor mineiro escrevia ___ Machado de Assis, imitando-lhe o estilo.
30. O tropeiro pediu um bife ___ cavalo, ___ moda da casa.

5 - Nos pares A e B a seguir, destacamos uma determinada estrutura, sendo que uma delas sempre será locução adverbial (e, portanto, craseada). Atentando-se na diferença, use o acento onde for cabível:

1. (A) *A* minha espera foi longa.
   (B) Todas estavam *a* minha espera.

2. (A) Diz-se *a* boca pequena que ele é infiel.
   (B) *A* boca pequena e delicada era muito bonita.

3. (A) *A* cabeceira da cama estava rente à parente.
   (B) Sentou-se *a* cabeceira da cama para ler.

4. (A) Tinha esquecido o assunto, mas depois voltou *a* carga.
   (B) *A* carga que transportavam era pesada.

5. (A) *A* chave, ele fechou o velho baú.
   (B) *A* chave fechou o velho baú.

6. (A) *A* escuta dos autos foi demorada.
   (B) Pode falar, estou *a* escuta.

7. (A) *A* espada, ele feriu-a mortalmente.
   (B) *A* espada feriu-a mortalmente.

8. (A) *A* falta de recursos era imensa.
   (B) *A* falta de recursos, desistiram do projeto.

9. (A) *A* luz da ciência moderna, desmentiu-se o mito.
   (B) *A* luz da ciência moderna desmentiu o mito.

10. (A) *A* mão direita estava machucada; mas a esquerda, não.
    (B) Ele sentou-se *a* mão direita da rainha.

11. (A) *A* morte, confessou seus pecados.
    (B) *A* morte chegou e o levou, sem dar-lhe a menor chance.

12. (A) *A* hora da morte chega para todos.
    (B) "Não adianta rezar *a* hora da morte", diz o ditado.

13. (A) Quando levantei os braços, os seios ficaram *a* mostra.
    (B) *A* mostra de cinema agitou a universidade.

14. (A) *A* rédea curta não servia para conduzir o cavalo.
    (B) Muito rígido, o pai educava os filhos *a* rédea curta.

15. (A) *A* saída é tentarmos o diálogo com o inimigo.
    (B) *A* saída da escola, o coleguinha o ameaçou.

16. (A) *A* sorte é nossa aliada, mas nem sempre nos visita.
    (B) Abandonaram-no *a* (própria) sorte, como a um mendigo.

17. (A) *As* ave-marias cantadas consolavam os presentes no velório.
    (B) *As* ave-marias, nos fins de tarde, o sino da igreja tocava.

18. (A) *As* centenas de pessoas que foram às ruas protestavam.
    (B) *As* centenas, as pessoas foram para as ruas protestar.

19. (A) *As* costas doíam-lhe. Precisava de um analgésico.
    (B) Em sua presença, respeitavam-no; *as* costas, porém, queriam-lhe mal.

20. (A) O rapaz trazia *a* mão um embrulho.
    (B) A mão do rapaz trazia um embrulho.

RESPOSTAS

Exercícios de Aprendizagem

Exercícios 1

1. LP
2. LA
3. LA
4. LA
5. LA
6. LA
7. LA
8. LP
9. LP
10. LA
11. LP
12. LA
13. LA
14. LP
15. LA
16. LA
17. LA
18. LP
19. LA
20. LA
21. LA
22. LA
23. LA
24. LP
25. LA

Exercícios 2

1. "... não bata *a* porta..."
2. "... alguém está batendo à porta"
3. "... sair à francesa"
4. "Saiu primeiro a francesa..."
5. "... matou a fome"
6. "... mataram-no à fome"
7. "Fique a vontade..."
8. "... fique à vontade"
9. "... recebeu a bala..."
10. "... recebeu... à bala e bombas"
11. "... Desenhei tudo à mão"
12. "Desenhou primeiro a mão..."
13. "... cheirava (inalava) a gasolina"
14. "... cheirava (fedia) a gasolina..."
15. "... viu a distância..."
16. "... viu, à distância, que..."
17. "Aquela hora..."
18. "Àquela hora..."
19. "Todas as vezes que..."
20. "... mas às vezes..."

Exercícios 3

1. à vontade
2. à deriva
3. à disposição
4. à fantasia
5. à farta
6. à força
7. à francesa
8. à mão
9. à mingua
10. à paisana
11. à parte
12. à prestação
13. à vista
14. à prova
15. à queima-roupa
16. marcha à ré
17. à sombra
18. à toa
19. à venda
20. às avessas
21. às carreiras
22. às claras
23. às escondidas
24. às pressas
25. às vezes
26. à altura de
27. à beira-mar
28. à custa/às custas
29. à espera de
30. à espreita de
31. à mercê
32. à revelia de (os avisos)
33. à vista de (os filhos)
34. às vésperas
35. àquela hora

Exercícios de Fixação

Exercícios 1

1. à
2. à
3. à(s)
4. à
5. à
6. à
7. à
8. às
9. às
10. à
11. à
12. às
13. às
14. à
15. às
16. à
17. à
18. à
19. às
20. à
21. à
22. à
23. à
24. às
25. à
26. à
27. à
28. à
29. à
30. à
31. à
32. à
33. à
34. à
35. à
36. à
37. à
38. à
39. à
40. à
41. à
42. à
43. à
44. à
45. à

46. à
47. à
48. à
49. à
50. à
51. às
52. à
53. à
54. à
55. à

Exercícios 2

1. (E)
2. (E)
3. (C)
4. (E)
5. (C)
6. (E)
7. (E)
8. (C)
9. (C)
10. (C)
11. (E)
12. (E)
13. (C)
14. (C)
15. (E)
16. (E)
17. (C)
18. (C)
19. (E)
20. (E)
21. (E)
22. (C)
23. (C)
24. (C)
25. (E)
26. (C)
27. (E)
28. (E)
29. (E)
30. (E)
31. (E)
32. (E)
33. (C)
34. (E)
35. (C)
36. (C)
37. (E)
38. (E)
39. (C)
40. (C)

Exercícios 3

1. a
2. a
3. à
4. à
5. a
6. à
7. à
8. a
9. a
10. à
11. à
12. a
13. a
14. à
15. a
16. à
17. a
18. à
19. a
20. à

Exercícios 4

1. à	2. à	3. à
4. à	5. à/a	6. à
7. à	8. à	9. à/as
10. à	11. à	12. a/à
13. à	14. a	15. à
16. à	17. a	18. às
19. à/a	20. à	21. à/a
22. à	23. às/a	24. à
25. às	26. à	27. às
28. a	29. à	30. à/a

Exercícios 5

1. (B) ... à minha espera

2. (A) ... à boca pequena... (ou "miúda")

3. (B) Sentou-se à cabeceira...

4. (A) ... voltou à carga

5. (A) À chave, ele fechou... (isto é, "fechou com chave")

6. (B) ... estou à escuta

7. (A) À espada, ele feriu-a... ("feriu com espada")

8. (B) À falta de recursos, desistiram...

9. (A) À luz... desmentiu-se o mito

10. (B) Ele sentou-se à mão direita...

11. (A) À morte, confessou... (isto é, "na hora da morte")

12. (B) ... rezar à hora da morte...

13. (A) ... ficaram à mostra

14. (B) à rédea curta

15. (B) À saída da escola...

16. (B) Abandonaram-no à própria sorte...

17. (B) Às ave-marias, nos fins de tarde...

18. (B) Às centenas, as pessoas foram...

19. (B) ... às costas, porém... (i.e., "pelas costas")

20. (A) ... trazia à mão...

4. Crase Proibida
Casos Especiais & Facultativos

CASOS PROIBIDOS

Os casos em que o acento de crase é proibido não devem ser entendidos como novas regras. Os princípios vistos anteriormente dão conta de todos os casos.

Como já assinalamos, são as duas condições para a ocorrência do acento e, na ausência de qualquer uma delas, obviamente não ocorrerá crase.

Não é demais relembrar que, nas **locuções** (**adverbiais**, **conjuntivas** e **prepositivas**) não ocorre a crase (a fusão em si, isto é, "a" + "a[s]").

O acento é empregado apenas para deixar claro que a **preposição** "a" não deve ser confundida com o **artigo definido** "a"; assim, portanto, as duas condições a que nos referimos anteriormente não estão presentes. Em outras palavras: o expediente (utilíssimo) de substituição do feminino pelo masculino, para verificação da correlação AO(S) → À(S), não se aplica (também não é demais lembrar que, no caso da fusão em si, tal expediente prático sempre funciona, sem exceção).

Veremos os casos a seguir apenas com finalidades didáticas (pode ser que auxilie o leitor que ainda tenha dúvidas quanto aos princípios gerais).

NÃO OCORRE CRASE

1) *ANTES DE PALAVRAS MASCULINAS*

Claro, pois falta a segunda condição: antes delas nunca ocorre o **artigo** "a".

Não iremos de trem; iremos *a* cavalo.
Não faça com caneta. Resolva *a* lápis.
Pagarei as compras *a* prazo.

Em todos os casos acima, o "a" é simples **preposição**.

2) *ANTES DE VERBOS*

O bebê começou *a* chorar. (simples **preposição**)

Naturalmente, pois não são antecedidos de **artigo**, cuja função exclusiva é determinar o **substantivo**, definindo ou indefinindo-o.

De todo modo, no infinitivo, **verbos** são considerados palavras masculinas.

3) *ANTES DE SUBSTANTIVOS EMPREGADOS EM SENTIDO GERAL*

Compare as frases:

Ele não gosta de crianças. (crianças de modo geral)
Ele não gosta das crianças. (crianças específicas, por exemplo, seus filhos)

Sem o **artigo**, referimo-nos aos **substantivos** de forma generalizada; com o **artigo**, o **substantivo** é empregado em sentido específico, particularizado.

Não me refiro somente *a* criança, mas a adulto também.

Observação:

A noção de indeterminação é expressa também pelo plural: "Não me refiro somente a crianças, mas a adultos também". Note-se, porém, que, se "as" estiver no plural, há determinação e, portanto, crase: "Refiro-me às crianças e *aos* adultos também" (note-se a correlação *às* → *aos*).

Contrastem-se mais estes dois exemplos:

Ele não gosta de assistir *a* novela(s). (novela[s] em geral) (simples **preposição**)
Compare: "Ele não gosta de assistir à(s) novelas deste autor."
(especificamente esta[s])
Lia-se na placa: "Não estacione. Sujeito a multa." (simples **preposição**)

A indeterminação pode ser notada, como já vimos, usando-se o plural ("sujeito *a* multas"), ou antepondo-se uma palavra indefinida antes do **substantivo**: "sujeito *a* uma/alguma multa".

Havendo determinação, ocorrerá a crase:
Neste caso, o veículo está sujeito à multa (ou às *multas*) do respectivo município.

4) *NO "A" (SINGULAR) SEGUIDO DE PLURAL*

Ela não costuma ir *a* festas.
(teste do masculino: baile: "... não costuma ir *a* bailes") (simples **preposição**)
Eu tinha horror *a* aranhas. (masculino: escorpiões: "... horror *a* escorpiões")

Se o "a" for pluralizado, surge o **artigo** e, portanto, a crase:
Ela não costuma ir às festas daquele clube.
(teste do masculino: baile "... ir *aos* bailes daquele clube")
Eu tinha horror às aranhas daquela mata.

5) *EM LOCUÇÕES FORMADAS COM PALAVRAS REPETIDAS*

Neste caso, o "a" também é simples **preposição**.

Ficaram frente *a* frente e tiveram uma conversa franca.
Gosto de assistir às entrevistas do programa "Cara *a* Cara".
Tomou todo o remédio, gota *a* gota, sem reclamar.

6) *DEPOIS DE PREPOSIÇÕES*

Comparem-se os exemplos seguintes:

Ele deu o presente à professora. (teste do masculino: "deu... *ao* professor") (fusão, combinação)

Ele deu o presente para *a* professora. (masculino: "...para *o* professor") (simples **artigo definido**) └── **(preposição)**

Via de regra, duas **preposições** não ocorrem juntas; logo, no segundo exemplo, temos a preposição "para", seguida do **artigo definido** feminino "a".

As preposições do português atual são as seguintes: *a*, *ante*, *após*, *até*, *com*, *contra*, *de*, *desde*, *em*, *entre*, *para*, *perante*, *por*, *sem*, *sob* e *sobre*.

Portanto, sem o acento:

Nós nos encontraremos após *a* aula. (masculino: "... após *o* conselho")
Todos ficaram contra *a* professora. ("...ficaram contra *o* professor")
Eles são amigos desde *a* escola. ("... amigos desde *o* colégio")
Ele mentiu perante *a* juíza. ("... mentiu perante *o* juiz")

Redobre a atenção:

Vou à Bahia. (correto)
Vou para à Bahia. (incorreto)

7) *ANTES DE NUMERAIS CARDINAIS (NÃO DETERMINADOS)*

O número de vítimas no naufrágio chega *a* cem.
Ficaremos fora do Brasil de duas *a* três semanas.

Nestes casos, o "a" é simples **preposição**, pois os **numerais cardinais** não admitem artigo antes de si.

Observação:

Na indicação de horas, sempre ocorre o acento, pois trata-se de **locução adverbial** formada por palavra feminina (o acento ocorre em função da palavra "hora[s]", e não do numeral): "Chegaremos às dez (horas)".

Entretanto, havendo determinação, a crase é de rigor:

O prêmio foi entregue às três melhores alunas.
(teste do masculino: "... entregue *aos* três melhores alunos")

8) *ANTES DE ARTIGO INDEFINIDO*

Ele lhe queria bem como *a* uma mãe. (teste do masculino: "... como *a* um pai")

Observações:

1. Não confunda: antes do numeral "uma" (indicando horas) o acento é obrigatório: "A reunião começa à uma (hora), pontualmente".
2. Também é obrigatório na locução "à uma" (= em uníssono): "— Sim! — responderam todos à uma (só voz)".

9) *ANTES DA MAIORIA DOS PRONOMES INDEFINIDOS*

Os **indefinidos** não admitem o **artigo definido** (simples questão de lógica básica). Assim, não faz nenhum sentido a crase em:

> Ele pedirá ajuda *a* alguma (ou *uma*) amiga.

Para prová-lo, basta voltarmos à regra geral (teste da substituição pelo masculino): "... pedirá ajuda *a* algum amigo".

Eis os principais **pronomes indefinidos**: alguém, algum (alguma[s], alguns), cada, ninguém, outro (outra[s], outros), todo (toda[s], todos), tudo... etc.

> ***Observação:***
>
> O **pronome** "outro" (e variações), excepcionalmente, admite a crase: "Não me refiro a esta moça, mas à outra" (teste do masculino: "Não me refiro a este rapaz, mas *ao* outro").

RELATIVOS

Antes do **pronome relativo** "que" ocorre simples **preposição**, portanto não há crase:

> Esta é a professora *a* que me referi. (teste do masculino: "... professor *a* que me referi")
>
> Esta é a aluna *a* cuja mãe nos dirigimos na reunião. ("... aluna *a* cujo pai...")

A propósito do primeiro exemplo acima, é oportuno lembrar que, quando nos referimos a pessoa(s), é muito comum o emprego do **relativo** "quem" (que, como o anterior, também rejeita o **artigo**): "Esta é a professora *a* quem me referi" (masculino: "Este é o professor *a* quem me referi").

Note-se, entretanto, que o **relativo** "qual" (e seu plural) admite a crase:

Esta é a professora à qual me referi. ("... professor *ao* qual me referi")

Observação:

Em "Sua blusa é igual à que comprei", a crase ocorre em função de palavra subentendida, não do **relativo** "que" ("... é igual à [blusa] que comprei") (masculino: "Seu casaco é igual *ao* [casaco] que comprei").

PESSOAIS E DE TRATAMENTO

Tais **pronomes** não admitem o **artigo definido**; logo o "a" será simples **preposição**:

Pedi *a* ela que reconsiderasse o meu pedido. (teste do masculino: "Pedi *a* ele...")

Peço *a* Vossa Excelência que reconsidere sua decisão.

Podemos verificar a rejeição do **artigo** pelos **pronomes de tratamento** no exemplo seguinte; dizemos:

Eu confio *em* Vossa Excelência. (e não: "Eu confio n*o*/n*a* Vossa Excelência.")

Observações:

1. Antes de "senhor" e "senhorita", ocorre crase: "Pedi à senhora que se acalmasse" → "Pedi *ao* senhor...".
2. Também é lícito o acento antes de "dona": "Pedirei à dona Maria que reconsidere sua decisão".

INTERROGATIVOS E DEMONSTRATIVOS

Como já observamos, a maioria dos **pronomes** repele o **artigo definido**:

A quem devo endereçar o envelope? (simples **preposição**)

Observe, a propósito, que o pronome "quem" é neutro quanto ao gênero (refere-se tanto ao masculino, quanto ao feminino), portanto não há que se pensar em crase.

Refiro-me *a* esta moça. (teste do masculino: "Refiro-me *a* este rapaz.")

Observação:

O "a" inicial do **pronome demonstrativo** "aquele" (e variações) pode ser craseado, como já vimos e como voltaremos a ver adiante.

10) *ANTES DE PERSONATIVOS CÉLEBRES (RELIGIOSOS, VULTOS HISTÓRICOS, ETC.)*

Antes de nome próprio de pessoa, a crase pode ou não ocorrer; porém, se o nome próprio designar uma "celebridade", não se emprega o acento (pois não se supõe convívio íntimo com as referidas pessoas):

Na aula de História, o professor fez breve alusão *a* Maria Antonieta.
O professor estava se referindo *a* Joana d'Arc.
Fez uma prece *a* Maria e foi dormir. (Virgem Maria)
Orou *a* Santa Rita, a santa das causas impossíveis.

Havendo, porém, qualquer forma de determinação, ocorrerá o acento:
"... uma breve alusão à destemida Maria Antonieta".
"... referindo-se à corajosa Joana d'Arc".
"Fez uma prece à Virgem Maria..."

CASOS ESPECIAIS E FACULTATIVOS

CRASE FACULTATIVA

O **acento grave** é facultativo nos seguintes casos:

1) *ANTES DE PRONOMES POSSESSIVOS*

Na nossa língua, os **possessivos**, contrariando o que é normal em relação aos outros **pronomes**, admitem o **artigo definido** "a", mas ele não é indispensável: em geral, tanto faz dizer "a minha caneta" ou "minha caneta".

Por essa razão, o acento é opcional, em exemplos como os seguintes:

Eu disse *a/à* <u>minha</u> namorada que ela era muito bonita.
(teste do masculino: "Eu disse *a/ao* <u>meu</u> namorado...")
Diz *a/à* <u>tua</u> professora que ela é muito competente. (masculino: "Diz *a/ao* <u>teu</u> professor...")
O professor se referia *a/à* <u>nossa</u> escola com desdém.
("... se referia *a/ao* <u>nosso</u> colégio...")

No entanto, se o **possessivo** vem desacompanhado de um **substantivo** (subentendido), o acento é obrigatório:

Eu me refiro *a/à* minha namorada, não *à* sua. ("... não à sua [namorada]")

<u>Observações:</u>

1. Certos autores condenam o uso do acento quando o **possessivo** é seguido de palavra designativa de parentesco, como em: "Eu disse *a* minha mãe...", porém não existe consenso quanto a tal regra; atente-se, pois, no contexto de uso.
2. Se o **possessivo** estiver integrando uma **locução adverbial**, o acento é obrigatório: "Ele não ouve ninguém. Sempre faz tudo <u>à sua maneira</u>." (**locução de modo**).
3. "Vossa" e "sua" não são **possessivos** quando funcionam como **pronomes de tratamento** (Vossa Excelência, Sua Alteza, etc.); nestes casos, o acento é sempre proibido ("Dirijo-me *a* Vossa Excelência...").

4. Na frase "Ele se referia *a* suas amigas", o acento é proibido, não obstante a presença do **possessivo**, uma vez que o **substantivo** "amigas" está tomado em sentido geral; será facultativo caso haja determinação: "Ele se referia às/ as suas amigas (de classe)".

2) *ANTES DE NOMES PRÓPRIOS*

No português brasileiro, o uso do **artigo definido** antes de nome próprio é opcional: "A Maria" ou "Maria", "O Ricardo" ou "Ricardo", etc.

Em algumas regiões, há uma marcada preferência para o uso do **artigo** apenas quando existe familiaridade ou intimidade entre os interlocutores; noutras regiões, essa distinção (familiaridade x não familiaridade) não existe (usa-se o **artigo** mesmo na ausência de familiaridade).

Assim sendo, ocorrerá ou não o acento, desde que o nome próprio não designe, por exemplo, vultos históricos ou nomes hagiográficos, com os quais não se supõe familiaridade/intimidade:

Pedi *a/à* Denise, minha amiga, que desse o recado aos alunos.
Informei *a/à* Simone, minha irmã, que seu resultado estava disponível.

3) APÓS A PREPOSIÇÃO "ATÉ"

Podemos dizer: "Fui até *o/ao* portão"; logo, o acento de crase é opcional após a **preposição** "até".

Fui até *a/à* janela e abri-a.
Foi até *a/à* porta atendê-lo.

Como vimos anteriormente, não ocorre crase após **preposição** (a única exceção é "até").

> ***Observação:***
>
> Quando "até" é **palavra denotativa de inclusão**, não ocorre crase: "Todos ficaram aborrecidos, até *a* professora" (isto é, "inclusive a professora") (teste do masculino: "... aborrecidos, até *o* professor").

CASOS ESPECIAIS

1) DIANTE DA PALAVRA *CASA*

Normalmente, não ocorre o acento, quando nos referimos ao próprio lar:

Quando cheguei *a* casa, já era muito tarde (a casa em que moro)

Quando não nos referimos ao próprio lar, ocorre determinação e, portanto, **crase**:

Quando chegou tarde à casa dos pais, foi repreendido.

Regressei à casa paterna quando terminei a faculdade.

Note-se que, na língua vernácula, o primeiro exemplo reescreve-se, mais comumente, assim: "Quando cheguei em casa..."; atente-se, pois, ao contexto de uso.

Em outras acepções, o acento é obrigatório:

Ele foi à casa Pinho fazer algumas compras. (estabelecimento comercial)

Gostar de ir às Casas Bahia e às Casas Pernambucanas. (idem)

Perpetrou-se um atentado à Casa Branca. (residência de chefe de Estado)

O príncipe pertencia à casa de Bragança. (dinastia) (BERGO, V. *Apud* CEGALLA, p.279, 2020)

2) *DIANTE DA PALAVRA TERRA (EM OPOSIÇÃO A "BORDO")*

A palavra "terra", no sentido de "chão firme", oposta "bordo" (de embarcação) ou a "mar", normalmente repele o **artigo**:

— Terra à vista! — gritou o comandante. (referindo-se ao continente, em oposição ao mar)
Os navegantes finalmente houveram vista *de* terra. (idem)

Assim, portanto, sem crase:

Os viajantes do cruzeiro desejavam ir *a* terra. (isto é, desembarcar em chão firme)
Ao grito de "tubarão!", os veranistas voltaram apavorados *a* terra. (isto é, saíram da água)

Noutras acepções, usa-se normalmente o acento:

Viajarei à terra de meus pais. (local onde se nasceu)
Os tripulantes da espaçonave retornaram à Terra. (o planeta)
Aves voavam rente à terra. (voo rasante próximo ao chão)
(CEGALLA, p. 279, 2020)

3) *COM OS PRONOMES DEMONSTRATIVOS "ÀQUELE(S)", "ÀQUELA(S)" & "AQUILO"*

Observe os exemplos seguintes, em que destacamos a **preposição** "a" + o **demonstrativo** "aquele" (e variações):

Eu me dirigi *a a*quele(s) rapaz(es).
Eu me referia *a a*quela(s) moça(s).
Eu não me referia *a a*quilo.

Para evitar o encontro malsoante da **preposição** "a" com o "a" inicial dos referidos **demonstrativos**, juntam-se as duas palavras, empregando-se o acento de **crase**:

Eu me dirigi àquele(s) rapaz(es).
Eu me referia àquela(s) moça(s).
Eu não me referia àquilo.

Observação:

É o único caso em que ocorre crase antes de palavra masculina ("aquele"). No clássico exemplo "sapatos à Luís XV", o acento não está ocorrendo diante de palavra masculina, mas sim de palavra subentendida ("à moda/maneira [de] Luís XV").

Exercícios de Aprendizagem

1- Que fator proíbe a crase? Associe (não ocorre crase...):

(A) antes de palavra masculina
(B) antes de verbo
(C) depois de preposição
(D) antes de personativo célebre/hagiográfico
(E) antes de numeral não determinado
(F) antes de pronome indefinido
(G) antes de pronome relativo
(H) antes de pronome de tratamento

1. ( ) A aluna *a* cuja professora me referi foi a vencedora.
2. ( ) A aluna *a* quem me refiro é a melhor da turma.
3. ( ) A criança pôs-se *a* chorar por causa do brinquedo.
4. ( ) A professora *a* que me refiro é muito talentosa.
5. ( ) A reunião durará de uma *a* duas horas.
6. ( ) A votação ocorrerá após *a* assembleia.
7. ( ) Direi *a* Sua Majestade tudo que sei a seu respeito.
8. ( ) Do Rio até Lisboa, leva-se de nove *a* dez horas de voo.
9. ( ) Não confie este segredo *a* qualquer pessoa.
10. ( ) Neste restaurante, serve-se frango *a* passarinho.
11. ( ) Ninguém perguntou nada *a* você.
12. ( ) O prisioneiro estava disposto *a* colaborar.
13. ( ) O professor estava se referindo *a* Cleópatra.

14. ( ) Os ingleses têm mesmo aversão *a* Joana d'Arc?
15. ( ) Os professores ficaram conversando após *a* reunião.
16. ( ) Perdi o ônibus e fui para a escola *a* pé.
17. ( ) Preciso confiar este segredo *a* alguma pessoa confiável.
18. ( ) Referia-se *a* Teresa Cristina, esposa de D. João.
19. ( ) Solicitamos *a* Vossa Excelência que se pronuncie.
20. ( ) Viajou para *a* Bahia durante o recesso escolar.

2 - Complete as lacunas com a(s) ou à(s):

1. Ela é candidata ___ diretora; ele, candidato ___ reitor.
2. A professora era candidata ___ direção do grupo escolar.
3. A professora não era candidata ___ nenhuma função.
4. "Não vendemos ___ prazo. Somente ___ vista", lia-se no cartaz.
5. Com o forte calor, os jogadores fediam ___ suor.
6. Não estou me referindo ___ essas pessoas especificamente.
7. As pessoas ___ quem me refiro são muito especiais para mim.
8. As pessoas ___ que me refiro são os meus melhores amigos.
9. As pessoas ___ que eu me referia não são amigos de confiança.
10. Eu não me referia somente a homens, mas também ___ mulheres.
11. Nunca devemos dar ouvido ___ reclamações ou ___ boatos.
12. Quando vou ___ Bahia, gosto de ir ___ capital e ___ Porto Seguro.
13. Na aula de História, o professor fez referência ___ Maria Antonieta.
14. Não se fez ainda nenhuma alusão ___ Joana d'Arc nas aulas.
15. Por favor, peço-lhe encarecidamente que não fale nada ___ ninguém.
16. O professor disse ___ essa aluna que ela seria reprovada na sua disciplina.
17. Motoristas conscientes obedecem ___ sinalização, ao código de trânsito.
18. Não me refiro ___ qualquer pessoa; refiro-me especificamente ___ Paulo.
19. Dedico este poema ___ cada professora deste imenso país.
20. Dedico este prêmio ___ todas as professoras e ___ todos os professores deste país.
21. Por ela, simplesmente estou disposto ___ tudo, ___ qualquer coisa.

22. A ata da reunião foi protocolada e encaminhada ___ S. Exª dentro do prazo.
23. ___ qual das funcionárias você encaminhou o documento protocolado?
24. As aulas começarão mais cedo ___ partir da próxima semana, ___ sete e trinta.
25. Os alunos não estavam dispostos ___ colaborar com o professor deles.
26. Voltei ___ casa para pegar uns documentos dos quais havia me esquecido.
27. Quando voltei ___ casa de meus pais, eles já estavam muito velhos.
28. Eu disse ___ Dona Teresinha que todos gostávamos muito dela.
29. Durante o cruzeiro, desembarcávamos e íamos ___ terra visitar os vilarejos.
30. Encaminhei o documento ___ uma funcionária da universidade.
31. O número de envolvidos no acidente chega, aproximadamente, ___ vinte pessoas.
32. Realizou-se o encontro da diretoria ___ escuras, ___ portas fechadas.
33. Somente ___ duras penas é que o aluno conseguiu se formar no colégio.
34. Estou fazendo um curso ___ distância, para complementar minha formação.
35. Todos os manifestantes gritavam ___ uma: "Abaixo a ditadura!"
36. Não gosta de bife ___ cavalo nem tampouco de frango ___ passarinho.
37. Os pais ___ cuja filha prestamos homenagem ficaram muito orgulhosos.
38. Estas críticas, ___ quem elas são dirigidas? A professores ou ___ professoras?
39. Não fiz nenhuma referência ___ esta aluna, mas sim ___ outra.
40. Ele perguntou: "___ quem devo me reportar?"

3 - Como no exercício anterior:

1. Telefonarei ___ ela para discutirmos o assunto.
2. Daqui ___ dez horas aterrissaremos em Lisboa.
3. Chegaremos ___ Lisboa ___ dez horas, pontualmente.
4. Não costumo viajar ___ Brasília nem ___ Curitiba.
5. Alguns pescadores ainda não retornaram ___ terra.
6. Os astronautas regressaram ___ Terra em segurança.
7. A placa dizia: "Obedeça ___ sinalização".
8. Não desobedeço ___ nenhuma lei de trânsito.

9. Fui ___ velha Londres fazer um curso de inglês.
10. Quando fui ___ Inglaterra, fui ___ Londres.
11. Por recomendações médicas, não vou ___ festa alguma.
12. Fui ___ festa de casamento de minha prima.
13. Não me referi ___ homem nem ___ mulher. Referi-me ___ animais.
14. ___ partir do mês que vem, a aula começará ___ sete da manhã.
15. Trabalhamos de segunda ___ sábado, das 7h ___ 21h.
16. Iremos ___ pé, e não ___ cavalo nem de ônibus.
17. Ao almoço, comi um bife ___ milanesa e outro ___ cavalo.
18. Ficamos frente ___ frente com os soldados inimigos.
19. Comemos ___ farta, bebemos ___ vontade e rimos ___ pampas.
20. Um policial ___ paisana estava vigiando tudo ___ distância.
21. Preenchi o formulário ___ lápis, e não ___ caneta.
22. O parque está temporariamente fechado ___ visitas.
23. Rogou ___ Nossa Senhora que o protegesse contra os inimigos.
24. Orei ___ Virgem Maria pedindo-lhe proteção contra o mal.
25. Rogou ___ santa de sua devoção para que intercedesse por ele.
26. Rogou ___ Santa Rita, pedindo-lhe por sua intercessão.
27. O templo egípcio é dedicado ___ Ísis.
28. Voltamos ___ casa depois da longa jornada de trabalho.
29. Voltaremos ___ casa de nossos pais nas férias de fim de ano.
30. ___ tarde, irei ___ Casas Bahia comprar alguns móveis.

Exercícios de Fixação

1 - Complete com *a(s)* ou *à(s)*:

1. Entregue esta carta ___ Paulo.
2. Não gosto de comprar ___ crédito.
3. Não preencha o formulário ___ caneta.
4. Oferta: preços ___ partir de R$ 10,00.
5. Irritada, a criança pôs-se ___ chorar.

6. Não estacione. Sujeito ___ guincho.
7. Dizia a placa: "Sujeito ___ multa".
8. Refiro-me, de modo geral, ___ crianças.
9. Refiro-me ___ crianças da escola onde trabalho.
10. Não gosto de assistir ___ novela das nove.
11. Não assisto ___ novelas. Prefiro séries.
12. Prefiro séries e filmes ___ novelas.
13. Não gosto de me expor ___ críticas.
14. Nunca me exponho ___ críticas dos jornais.
15. Gota ___ gota, o soro ia sendo injetado.
16. O rapaz deu um presente para ___ namorada.
17. Ele deu um presente ___ namorada.
18. Éramos amigos desde ___ infância na escola.
19. Ficaremos na Europa de duas ___ três semanas.
20. A reunião durará de duas ___ três horas.
21. A assembleia durará das duas ___ três horas.
22. A reunião começará pontualmente ___ três horas.
23. Pedi ___ cada pessoa presente que se manifestasse.
24. Não me refiro ___ esta blusa, mas ___ outra.
25. Esta é a música ___ que estávamos nos referindo.
26. Esta é a música ___ qual eu estava me referindo.
27. As músicas ___ quais eu estava me referindo são estas.
28. A mulher ___ quem me refiro é minha esposa.
29. Sua bolsa é igual ___ que ganhei de aniversário.
30. Solicito ___ V.Sa. que não fale sem permissão do juiz.
31. Eu pedi ___ ela que me contasse tudo.
32. Peço ___ senhora que não fale durante a missa.
33. Pedi ___ Vossa Majestade que aja com justiça.
34. Peço ___ você que não fale nada sobre o ocorrido.
35. Não sei ___ quem devo endereçar o pacote.
36. Tive que voltar ___ casa bem tarde naquela noite.

37. Voltei ___ casa de meus amigos depois de muito tempo.
38. Ninguém dos tripulantes do navio havia descido ___ terra ainda.
39. Irei ___ terra onde nasci, nas férias escolares.
40. Ele disse ___ senhora Fátima que ela era muito bonita.
41. Ele disse ___ Dona Fátima que gostaria de namorá-la.
42. Ele pediu ___ bondosa dona Fátima que lhe perdoasse.
43. Fui ___ Roma, ou melhor, ___ Roma dos Césares!
44. Fiz uma prece ___ Maria, a Virgem, pedindo por proteção.
45. Fiz uma prece ___ Virgem Maria, rogando por sua intercessão.
46. No trabalho, o aluno fez alusão ___ Leopoldina, a Princesa dos Escravos.
47. O homem pediu ___ Santa Maria pela cura de seu filho.
48. Vou ___ São Paulo, ___ São Paulo da garoa!
49. Fiquei frente ___ frente com meu odioso rival.
50. Esta é a menina ___ cuja irmã eu me referia no relatório.
51. A família ___ que pertenço descende de nobres europeus.

4 - Coloque C (certo) ou E (errado), quanto à presença ou ausência do acento de crase (frases dos exercícios anteriores):

1. ( ) A ata da reunião foi protocolada e encaminhada à S. Exª dentro do prazo.
2. ( ) A partir do mês que vem, a aula começará às sete da manhã.
3. ( ) A placa dizia: "Obedeça à sinalização".
4. ( ) A professora era candidata a direção do grupo escolar.
5. ( ) A professora não era candidata à nenhuma função.
6. ( ) A qual das funcionárias você encaminhou o documento?
7. ( ) A tarde, irei às Casas Bahia comprar alguns móveis.
8. ( ) Alguns pescadores ainda não retornaram a terra.
9. ( ) Ao almoço, comi um bife à milanesa e outro a cavalo.
10. ( ) As aulas começarão mais cedo à partir da próxima semana.
11. ( ) As pessoas à que eu me referia não são amigos de confiança.
12. ( ) As pessoas à que me refiro são os meus melhores amigos.
13. ( ) As pessoas a quem me refiro são muito especiais para mim.

14. ( ) Chegaremos a Lisboa às dez horas, pontualmente.
15. ( ) Com o forte calor, os jogadores fediam à suor.
16. ( ) Comemos à farta e também bebemos à vontade.
17. ( ) Daqui à dez horas aterrissaremos em Lisboa.
18. ( ) Dedico este poema à cada professora deste imenso país.
19. ( ) Dedico este prêmio a todas as professoras e professores deste país.
20. ( ) Durante o cruzeiro, desembarcávamos e íamos à terra visitar os vilarejos.
21. ( ) Ela é candidata a diretora; ele, candidato a reitor.
22. ( ) Ele disse à D. Teresinha que todos lhe queriam muito bem.
23. ( ) Encaminhei o documento à uma funcionária da universidade.
24. ( ) Estas críticas, a quem são dirigidas? A professores ou à professoras?
25. ( ) Estou fazendo um curso à distância, para complementar minha formação.
26. ( ) Eu disse à Teresinha que todos gostávamos muito dela.
27. ( ) Eu não me referia somente a homens, mas também à mulheres.
28. ( ) Ficamos frente à frente com os soldados inimigos.
29. ( ) Fui à festa de casamento de minha prima.
30. ( ) Fui à velha Londres fazer um curso de inglês.
31. ( ) Iremos à pé, e não a cavalo nem de ônibus.
32. ( ) Motoristas conscientes obedecem à sinalização, ao código de trânsito.
33. ( ) Na aula de História, o professor fez referência a Maria Antonieta.
34. ( ) Não costumo viajar a Brasília nem a Curitiba.
35. ( ) Não desobedeço à nenhuma lei de trânsito.
36. ( ) Não estou me referindo à essas pessoas especificamente.
37. ( ) Não fiz nenhuma referência a esta aluna, mas sim à outra.
38. ( ) Não gosta de bife a cavalo nem tampouco de frango a passarinho.
39. ( ) Não me referi a homem nem à mulher. Referi-me a animais.
40. ( ) Não me refiro à qualquer pessoa; refiro-me especificamente a Paulo.
41. ( ) Não se fez ainda nenhuma alusão a Joana d'Arc nas aulas.
42. ( ) "Não vendemos a prazo. Somente à vista", lia-se no cartaz.
43. ( ) Nunca devemos dar ouvido à reclamações ou a boatos.

44. ( ) O número de envolvidos no acidente chega, aproximadamente, a vinte pessoas.
45. ( ) O parque está temporariamente fechado a visitas.
46. ( ) O professor disse a essa aluna que ela seria reprovada na sua disciplina.
47. ( ) O templo egípcio é dedicado à Ísis.
48. ( ) Orei a Virgem Maria pedindo-lhe proteção contra o mal.
49. ( ) Os alunos não estavam dispostos à colaborar com o professor deles.
50. ( ) Os astronautas regressaram à Terra em segurança.
51. ( ) Os pais à cuja filha prestamos homenagem ficaram muito orgulhosos.
52. ( ) Por ela, simplesmente estou disposto a tudo, a qualquer coisa.
53. ( ) Por favor, peço-lhe encarecidamente que não fale nada à ninguém.
54. ( ) Por recomendações médicas, não vou à festa alguma.
55. ( ) Preenchi o formulário à lápis, e não a caneta.
56. ( ) Quando fui à Inglaterra, fui a Londres.
57. ( ) Quando voltei a casa de meus pais, eles já estavam muito velhos.
58. ( ) Quando vou à Bahia, gosto de ir à capital e a Porto Seguro.
59. ( ) Realizou-se o encontro da diretoria às escuras, a portas fechadas.
60. ( ) Rogou a Nossa Senhora que o protegesse contra os inimigos.
61. ( ) Rogou à santa de sua devoção que intercedesse por ele.
62. ( ) Rogou à Santa Rita, pedindo-lhe por sua intercessão.
63. ( ) Somente a duras penas é que o aluno conseguiu se formar no colégio.
64. ( ) Telefonarei à ela para discutirmos o assunto.
65. ( ) Todos os manifestantes gritavam a uma: "Abaixo a ditadura!"
66. ( ) Trabalhamos de segunda a sábado, das 7h as 21h.
67. ( ) Um policial à paisana estava vigiando tudo a distância.
68. ( ) Voltamos à casa depois da longa jornada de trabalho.
69. ( ) Voltaremos à casa de nossos pais nas férias de fim de ano.
70. ( ) Voltei a casa para pegar uns documentos dos quais havia me esquecido.

RESPOSTAS

Exercícios de Aprendizagem

Exercícios 1

1. G	2. G	3. B
4. G	5. E	6. C
7. H	8. E	9. F
10. A	11. H	12. B
13. D	14. D	15. C
16. A	17. F	18. D
19. H	20. C	

Exercícios 2

1. a, a	2. à	3. a
4. a, à	5. a	6. a
7. a	8. a	9. a
10. a	11. a, a	12. a, à, a
13. a	14. a	15. a
16. a	17. à	18. a, a
19. a	20. a, a	21. a, a
22. a	23. a	24. a, às
25. a	26. a	27. à
28. à	29. a	30. a
31. a	32. às, a	33. a
34. à/a	35. à	36. a, a
37. a	38. a	39. a, à
40. a		

Exercícios 3

1. a	2. a	3. a, às
4. a, a	5. a	6. à
7. à	8. a	9. à
10. à, a	11. a	12. à
13. a, a, a	14. a, às	15. a, às
16. a, a	17. à, a	18. a
19. a, à, às	20. a, à/a	21. a, a
22. a, às	23. a	24. à
25. à	26. a	27. a
28. a	29. à	30. À, às

Exercícios de Fixação

Exercícios 1

1. a	2. a	3. a/à
4. a	5. a	6. a
7. a	8. a	9. às
10. à	11. a	12. a, às
13. a	14. às	15. a
16. a	17. à	18. a
19. a	20. a	21. às
22. às	23. a	24. a, à
25. a	26. à	27. às
28. a	29. à	30. a
31. a	32. a	33. a
34. a	35. a	36. a
37. à	38. a	39. à
40. à	41. à	42. à
43. a, à	44. a	45. à
46. a	47. a	48. a, à
49. a	50. a	51. a

Exercícios 2

1. (E)	2. (C)	3. (C)
4. (E)	5. (E)	6. (C)
7. (C)	8. (C)	9. (C)
10. (E)	11. (E)	12. (E)
13. (C)	14. (C)	15. (E)
16. (C)	17. (E)	18. (E)
19. (C)	20. (E)	21. (C)
22. (C)	23. (E)	24. (E)
25. (C)	26. (C)	27. (E)
28. (E)	29. (C)	30. (C)
31. (E)	32. (C)	33. (C)
34. (C)	35. (E)	36. (E)
37. (C)	38. (C)	39. (E)
40. (E)	41. (C)	42. (C)
43. (E)	44. (C)	45. (C)
46. (C)	47. (E)	48. (C)
49. (E)	50. (C)	51. (E)
52. (C)	53. (E)	54. (E)
55. (E)	56. (C)	57. (E)
58. (C)	59. (C)	60. (C)
61. (C)	62. (E)	63. (C)
64. (E)	65. (E)	66. (E)
67. (C)	68. (E)	69. (C)
70. (C)		

Anexo 1 - Testes de Múltipla Escolha

Revisão Geral (Questões 1 a 40)

1. "Quando vai ___ festas, ___ vezes costuma sair ___ francesa, pois detesta despedidas." Completam as lacunas, respectivamente:

A) a, às, à
B) à, as, a
C) à, às, à
D) a, as, à
E) a, as, a

2. "Após ___ missa, o padre ___ informou de que ___ aulas de catequese ocorreriam de quarta ___ sexta-feira". No trecho lido, não ocorre:

A) artigo definido
B) preposição
C) crase
D) pronome

3. "Não gosta de trabalhar à noite. Prefere trabalhar de manhã ou de tarde." Pode-se dizer que o acento grave foi empregado pela mesma razão que na alternativa:

A) Deu um presente à namorada.
B) Todos estão sujeitos às leis.
C) À força de muito estudo, venceu.
D) A resposta à questão estava errada.

E) Arrastaram-no à força para fora.

4. "___ partir de amanhã, as aula começarão ___ uma, pontualmente, da segunda ___ sexta."

A) À, à, à
B) A, a, a
C) À, a, à
D) A, à, à
E) A, a, à

5. "___ enfermeira disse ___ sua paciente que ___ esperaria até ___ noite." Sobre o trecho lido, considere as afirmações:

I. Na primeira lacuna, ocorre mero artigo definido.
II. Na segunda, o acento de crase é opcional.
III. Na terceira, o "a" é mera preposição.
IV. Na última lacuna, o acento grave é opcional.

Pode-se afirmar que:

A) Todas as proposições estão corretas.
B) Estão incorretas apenas as proposições II e IV.
C) Está incorreta apenas a proposição III.
D) Está correta apenas a proposição IV.
E) Todas as proposições estão incorretas.

6. "Solicitamos ___ V. Exa. que obedeça ___ lei, ___ qual todos os cidadãos estão sujeitos." Ocorre "à" craseado:

A) em todas as lacunas.
B) na segunda e terceira lacunas.
C) somente na segunda lacuna.
D) em nenhuma das lacunas.

7. "A professora pediu ___ alunas que devolvessem ___ provas ___ ela". Nas lacunas, não ocorre:

A) fusão da preposição "a" com o artigo definido "a".
B) artigo definido.
C) preposição.
D) pronome oblíquo átono.

8. Considere as afirmações (falsas ou verdadeiras?); em seguida, assinale a alternativa correta.

I. O "a" que integra o objeto direto nunca pode ser craseado.
II. O objeto indireto, diferentemente do direto, sempre é craseado.
III. Nos adjuntos adverbiais, o acento grave incide apenas sobre a preposição.
IV. São numerosas as locuções conjuntivas craseadas.
V. São poucos os casos de crase facultativa na nossa língua.

A sequência correta é:

A) F – V – V – F – F
B) V – F – F – V – F
C) F – V – F – F – V
D) V – V – V – V – V
E) V – F – V – F – V

9. Em "Ele não estava se sentindo à vontade", o acento de crase foi usado pela mesma razão que devemos empregá-lo em:

A) Siga reto e vire ___ direita.
B) Entregue o livro ___ professora.
C) Fica ___ critério do professor.
D) ___ partir de amanhã, não virei.
E) Contei tudo ___ nossa mãe.

10. O acento indicativo de crase é facultativo em todas alternativas, exceto:

A) Foi até ___ janela e espiou.
B) Sempre quer tudo ___ sua maneira.
C) Fale ___ sua amiga que não irei.
D) Não conte nada ___ Claudete.
E) "___ Dalva", lia-se no envelope.

11. Analise as frases quanto ao emprego do sinal indicativo de crase; a seguir, assinale a alternativa correta:

I. O barco foi encontrado no mar, à deriva.
II. Não gaste a vista. Use óculos de qualidade.
III. À força de muita dedicação, alcançou seus objetivos.
IV. Faça esse favor à sua amiga.
V. Ficávamos mais ofegantes à medida que corríamos.

Pode-se dizer que:

A) Em I e III não ocorre crase propriamente (o acento é meramente convencional).
B) Em II, para que o período tenha o sentido pretendido, é necessário crasear o "a" destacado.

C) O acento em III não é usado pela mesma razão que o usamos em "Estávamos à procura de uma oportunidade".
D) Em IV, a crase é obrigatória, pois sua ausência causaria ambiguidade.
E) Em V, o acento é resultado da regência do termo antecedente.

12. Em certas locuções adverbiais, o acento de crase é dispensável (embora sempre correto) quando não há risco de ambiguidade. Prova isso a alternativa:

A) Estão batendo à porta / a porta.
B) Ficou à vontade / a vontade.
C) Lavou à mão / a mão.
D) Pague à prestação / a prestação.
E) Ele manejava um barco à vela/ a vela.

13. "Iremos ___ missa após ___ aula e diremos ___ diretora que retornaremos ___ uma da tarde". Preenche as lacunas a alternativa:

A) a – a – à/a – a
B) à – à/a – à – a
C) à – a – à – à
D) à – à – a – à/a
E) a – a – à – a

14. Nas alternativas seguintes, a crase só ocorre em razão da determinação de um nome, <u>exceto</u> em:

A) Fui à casa de meus avós.
B) Fiquei à distância de cem metros.
C) Dei o aviso à Ana do Quincas.
D) Irei à Roma de Cesar nas férias.
E) Irei à Bahia assim que possível.

15. O acento de crase é obrigatório em todas as alternativas, EXCETO:

A) Ela viajou ___ Europa em férias.
B) Mamãe assistia ___ novela das oito.
C) Informe ___ candidatas o resultado.
D) Envolveram até ___ professora no escândalo.
E) Passarei em sua casa hoje ___ tarde.

16. "As atividades da emissora encerram ___ 00:00 h". Sobre o trecho lido, considere as proposições seguintes; a seguir, assinale a alternativa correta:

I. A lacuna pode ser preenchida com a fusão de "a" + "a(s)".
II. Pode-se preencher a lacuna com "a" ou "à".
III. A lacuna só pode ser preenchida com "às".
IV. Na lacuna ocorrerá simples preposição.
V. Na lacuna não ocorrerá artigo.

Pode-se afirmar que:

A) Todas as proposições estão corretas.
B) Estão corretas as proposições I e III.
C) Estão corretas as proposições IV e V.
D) Está correta apenas a proposição IV.
E) Nenhuma das proposições está correta.

17. Associe as frases de I a V à regra que proíbe o acento de crase:

I. A revista <u>a</u> que me refiro é esta.
II. Pôs-se <u>a</u> chorar ao ouvir a notícia.
III. Entregue isto <u>a</u> qualquer uma delas.

IV. Peço a V. Exa. que se retrate.
V. Não gosto de assistir a palestras.

Não ocorre crase antes de...

(A) pronome de tratamento
(B) pronome indefinido
(C) pronome relativo
(D) substantivos tomados em sentido genérico indeterminado
(E) verbo

Assinale a sequência obtida:

A) I- C II- E III- B IV-A V- D
B) I-A II- C III- D IV- B V- E
C) I- E II- B III- C IV- D V- A
D) I- D II- B III- C IV- A V- E
E) I- B II- A III- E IV- C V- D

18. "Eu disse ___ sua irmã que compraria, ___ vista, uma blusa semelhante ___ que ela ganhou." Qual das seguintes opções preenche as lacunas corretamente?

A) a, à, a
B) à/a, à, à
C) à, a, a
D) à, à , à
E) à/a, a, a

19. O acento indicativo de crase é proibido em todas as alternativas, exceto:

A) O rapaz não estava disposto a colaborar.
B) Peço a V. Sa. que desconsidere o aviso.

C) Não falo de você; refiro-me a outra pessoa.
D) Não vou mais a reuniões ou debates.
E) Avise a senhora Maria que compareça ao colégio.

20. "Não diga nada ___ ninguém sobre ___ reunião que faremos hoje ___ tarde":

A) à, à, à
B) à, a, a
C) a, à, a
D) a, a, à
E) à, a, à

21. Em qual alternativa há duas razões para o não emprego do acento grave?

A) Cumpriu passo a passo o que lhe instruíram.
B) O prêmio está a nossa disposição.
C) Fez uma comovida prece a Nossa Senhora.
D) Ele voltou a tocar naquele assunto indelicado.
E) Tudo levava a uma só conclusão.

22. Não ocorre crase na alternativa:

A) O penteado a Elvis Presley está fora de moda.
B) Pediu um suculento filé a francesa.
C) Não gosto muito de frango a passarinho.
D) Comeu bife a milanesa ao almoço.
E) As crianças adoram macarrão a bolonhesa.

23. Não ocorre crase em nenhuma das alternativas, exceto:

A) Reporte-se a qualquer uma das secretárias.

B) Não vá aquele lugar sem meu consentimento.
C) Eu não fiz referência a estas pessoas.
D) Infratores estão sujeitos a multas vultosas.
E) "Sujeito a multa", lia-se no cartaz.

24. Em que alternativa a lacuna não pode ser preenchida com "à"?

A) Viajaremos ___ Espanha nas próximas férias.
B) Estaremos no local ___ uma, pontualmente.
C) "Concordamos!", gritaram todos ___ uma.
D) Os livros da quinta ___ oitava série são bons.
E) Esperávamos de quinze ___ vinte pessoas na reunião.

25. Assinale a alternativa em que há erro quanto à crase (pelo seu uso ou ausência):

A) Depois de muitos dias no mar, os marinheiros retornaram a terra.
B) A enciclopédia à cuja autora você se refere é muito boa.
C) Vou para a Bahia assim que entrarem as férias.
D) O livro a que a professora se refere foi escrito por M. de Assis.
E) Não fiz alusão a minha esposa, mas à sua.

26. Dadas as proposições:

I. Em "Vou para a Paraíba", cabe o acento de crase, pois o nome deste Estado admite o artigo definido "a", e o termo regente, a preposição "a", resultando em "a" + "a".
II. Em "Pediu a santa que o ajudasse", não se pode empregar o acento de crase, pois não se supõe intimidade entre os interlocutores.
III. Em "O político discursou ___ mulheres e homens, indistintamente", a lacuna deve ser preenchida com "à".
IV. Em "Riam dele, pois ainda se vestia ___ Luís XV", a lacuna deve ser

preenchida com "a", mas não "à, pois segue-se um nome masculino.

V. Em "Ela deu ___ luz ___ um lindo bebê", a primeira lacuna pode ser preenchida com "à" ou "a", já a segunda, apenas com "a".

Pode-se dizer que:

A) Estão corretas todas as proposições.
B) Estão corretas as proposições I e III.
C) Estão corretas as proposições II, III e V.
D) Está correta apenas a preposição IV.
E) Todas as proposições estão incorretas.

27. I. "Prefiro vinho ___ cerveja"; II. "Não diga nada ___ ninguém"; III. "A pessoa ___ quem dei o presente é minha irmã"; IV. "As obras ___ quais me dedico são voluntárias"; V. "Viajarei do Sergipe até ___ Paraíba". O acento de crase é cabível:

A) em todas as frases.
B) em II, III, e V.
C) em IV e V.
D) em V apenas.
E) em nenhuma das frases.

28. Assinale a alternativa em que o "a" está craseado indevidamente:

A) A questão à que se aludiu na palestra era muito importante.
B) O professor aludiu à questão do racismo durante o debate.
C) Depois de intenso debate, os participantes anuíram à proposta.
D) As posições às quais aspirávamos eram as mais desafiadoras.
E) A novela à qual assisti foi adaptada de um romance literário.

29. Em qual par o acento de crase não é mero índice de simples preposição, em relação ao primeiro exemplo?

A) matar a fome / matar à fome
B) cheirar a graxa / cheirar à graxa
C) desenhar a mão / desenhar à mão
D) contou a moça / contou à moça
E) pintar a mão / pintar à mão

30. Permutando-se o verbo da frase original pelo que está dado entre parênteses, não ocorrerá crase na alternativa:

A) Devemos seguir a lei. (obedecer)
B) Viu a peça no teatro. (assistir)
C) Desejava a função de diretor. (visar)
D) O pai ama muito as filhas. (querer)
E) Ela não aceita mais as bonecas. (querer)

31. "___ juíza ___ ré disse que atribuía o acidente ___ desatenção, pois estava trabalhando ___ pressas". Preenchem as lacunas:

A) À, à, a, as
B) À, a, a, às
C) À, a, à, as
D) A, a, a, as
E) À, à, à, às

32. "Disse ___ mãe que voltaria cedo." Sobre o período, analise as proposições:

I. Se completarmos a lacuna com "a", "mãe" é o sujeito de "disse".

II. Se completarmos com "à", o sujeito da oração é oculto.

III. Tanto faz completar com "a" ou "à", pois não há diferença de sentido.

Pode-se afirmar que:

A) Apenas I está correta.
B) Apenas I e II estão corretas.
C) Apenas II e III estão corretas.
D) Todas estão corretas.
E) Nenhuma está correta.

33. "___ hora, eles já estariam prestes ___ embarcar para ___ Bahia." Preenche as lacunas corretamente a alternativa:

A) Àquela, a, a
B) Aquela, à, à
C) Aquela, a, à
D) Àquela, à, à
E) Aquela, a, a

34. Em todas as alternativas, há mudança de sentido conforme preenchemos com "a", ou "à", exceto em:

A) Aqui se mata ___ fome.
B) Recebeu a pessoa ___ bala.
C) Feriu seu rosto ___ navalha.
D) Ele pintou ___ máquina.
E) Faça a prova ___ tinta.

35. "___ sextas-feiras, não termos aulas ___ tarde. ___ tardes são livres. Venha ou não ___ seu critério." Preenche as lacunas a alternativa:

A) As, a, Às, à
B) As, à, As, a
C) Às, à, Às, à
D) Às, à, As, a
E) As, a, As, a

36. Dados os exemplos:

I- "Por favor, não bata ___ porta", lia-se na porta do carro.
II- "Estão batendo ___ porta. A campainha está com defeito."
III- "Levou-o ___ força da água."

Pode-se dizer que:

A) Os três períodos podem ser completados apenas com o artigo definido "a".
B) Em II, somente "à" é possível, pois não se trata de objeto direto.
C) Os três períodos podem ser completados apenas com "à" craseado.
D) Os três períodos podem ser completados, indiferentemente, com "a" ou "à".
E) Na terceira lacuna, ocorre apenas a preposição "a", daí, portanto, a inexistência da crase.

37. Dados os períodos:

"___ espera de um transplante pode se estender por muitos meses."
"___ espera de um transplante há muito tempo, o paciente começava a se desesperançar."
"Este mês não pagarei ___ prestação, a penúltima. Irei pagá-la com juros, juntamente com a próxima."
"Normalmente não gosto de comprar ___ prestação. Prefiro, antes, pagar no ato da compra."

Preenchem as lacunas, respectivamente:

A) À, à, à, a
B) A, a, a, à
C) A, à, a, à
D) A, a, a, a
E) À, à, à, à

38. O acento de crase é facultativo em todas as alternativas, exceto:

A) A festa se estendeu até as duas horas da madrugada.
B) Eu estava me referindo as minhas professoras.
C) Enviou uma carta a Margarida, pedindo-lhe ajuda.
D) Resolva o teste a tinta, por favor.
E) Orou a Nossa Senhora da Glória, na esperança de uma cura.

39. Analise as frases. Em seguida, assinale a alternativa correta:

I. O fiel se referia à Nossa Senhora como sua "madrinha".
II. Estamos esperando aqui desde às duas da tarde.
III. Direi àquele homem que ele não é bem-vindo nesta casa.
IV. Espere um momento, irei até à porta com você.

Pode-se dizer que:

A) Em I, o acento é facultativo, pois a crase é facultativa antes de pronomes possessivos.
B) Em II, o acento é obrigatório, pois se trata de locução indicativa de hora(s).
C) Em III, o acento é incorreto, pois não pode ser empregado em palavra masculina.
D) Em IV, o acento é facultativo, pois a preposição "até" admite o artigo "a" depois de si.

E) Todas as frases estão incorretas quanto ao emprego (ou não emprego) do acento.

40. "___ partir deste momento, todos estamos sujeitos ___ penalidades previstas em lei, ___ qual todos nós cidadãos devemos obedecer, ___ fim de estarmos quites com ___ justiça." Assinale a alternativa correta:

A) Na primeira lacuna, ocorre apenas a preposição "a".
B) Na segunda lacuna, ocorre, facultativamente, "as" ou "às".
C) Na terceira, o acento grave é proibido, pois "qual" é pronome relativo.
D) Na quarta, ocorre apenas o artigo definido "a".
E) Na última, ocorre, facultativamente, "a" ou "à".

Respostas do Anexo 1

1. A – "Quando vai a festas...": não ocorre crase quando o "a" (**preposição**) vem seguido de plural (ou, por outra: quando o **substantivo** é tomado em sentido indeterminado (isto é, "não vai a festas em geral") (teste do masculino: "... não vai a bailes...") / "... às vezes costuma sair...": usa-se o acento (embora não ocorra de fato a crase, isto é, a fusão de "a" + "a[s]"), nas **locuções/ adjuntos adverbiais** formadas por núcleo feminino (**de tempo**) / "... costuma sair à francesa": acento na **locução/ adjunto adverbial** (**de modo**). Nota adicional: no caso das **locuções adverbiais**, nem sempre cabe o teste do masculino.

2. C

COMENTÁRIO(S)

A. São **artigos definidos** as ocorrências destacadas: "Após a missa, o padre as informou de que as aulas de catequese ocorreriam de quarta a sexta-feira";
B. É **preposição** o "a" destacado: "... ocorreriam de quarta a sexta-feira";
D. Trata-se de **pronome** (**oblíquo átono**) o "as" em destaque: "... o padre as informou" (isto é, coloquialmente, "informou a elas").

Nota adicional: Em "Após a missa..." não empregamos o acento grave, pois não ocorre crase depois de outra **preposição** (com exceção de "até", caso em que o acento é opcional). Nota adicional: quando "até" funciona como **palavra denotativa** (**de inclusão**), não ocorre crase.

3. E – Em "à noite", o acento assinala a **locução adverbial/ adjunto adverbial** (**de tempo**); em "à força", **locução/ adjunto adverbial** (**de modo**) (em ambos os casos, não ocorre a crase em si; o "a" é mera **preposição**).

COMENTÁRIO(S):

A. "Deu um presente à namorada": crase no **objeto indireto** ("deu a ela", "deu-lhe") (teste do masculino: "Deu um presente ao namorado");
B. "... sujeitos às leis": crase no **complemento nominal** (teste do masculino: "... sujeitos aos códigos legais");
C. "À força de muito estudo...": acento na **locução prepositiva**, formada por núcleo feminino (não ocorre a crase em si, o acento é mero índice de **preposição**);
D. "A resposta à questão...": crase no **complemento nominal** (compare: "A resposta ao questionário...").

4. D – "A partir de amanhã...": não ocorre crase antes de **verbos**, pois estes não podem ser determinados pelo artigo definido "a" (segunda condição para a crase) / "... as aulas começarão à uma [hora]": acento na indicação de hora(s) (**locução/ adjunto adverbial**) (**de tempo**) / "... da segunda à sexta...": compare: "... da segunda ao sábado" (mas: "de segunda a sexta" → "de... a"/ "da... à").

5. C – Em "... que a esperaria...", o "a" destacado é **pronome pessoal** (**oblíquo átono**), equivalente, na língua coloquial, a "ela" (referindo-se à paciente).

COMENTÁRIO(S):

I. "A enfermeira disse...": trata-se de mero **artigo definido**; compare: "O enfermeiro disse...";
II. "... disse à sua paciente que...": a crase é opcional antes de **pronome possessivo** (exceto quando o **possessivo** vem desacompanhado de **substantivo**, caso em que o acento é obrigatório, ou quando integra uma **locução/ adjunto adverbial**) compare: "... disse a/ ao seu paciente que...";
IV. "... que a esperaria até à/ a noite": não ocorre crase depois de **preposição**, sendo "até" a única exceção, caso em que o acento é facultativo.

6. B – "Solicitamos a V. Exa...": não ocorre crase antes de **pronomes de tratamento**, pois estes são neutros quanto ao gênero; assim, não admitem o **artigo definido** "a" (segunda condição para a crase) / "... que obedeça à lei...": crase no **objeto indireto** (teste do masculino: "... que obedeça ao código legal") / "... à qual todos os cidadãos estão sujeitos": crase no **complemento nominal** (teste do masculino: "... que obedeça ao código legal, ao qual todos estão sujeitos").

7. D – "... pediu às alunas...": fusão da **preposição** "a", requerida pelo **termo regente**, com o **artigo definido** "a", admitido pelo **termo regido** (a crase propriamente dita) (teste do masculino: "... pediu aos alunos..." / "... que devolvessem as provas...": simples **artigo definido** (**objeto direto**: "... que as devolvessem") (teste do masculino: "... devolvessem os testes..." / "... devolvessem ... a ela": não ocorre crase antes de **pronomes retos** (e dos **pronomes** em geral) (teste do masculino: "... devolvessem... a ele") (simples **preposição**).

8. E

COMENTÁRIO(S):

I. No **objeto direto**, o "a" é mero **artigo definido**, portanto falta a primeira condição para a crase (a **preposição** "a");
II. Todo **objeto** craseado é **indireto**, mas nem todo **objeto indireto** é craseado; só ocorrerá o acento se o **termo regido** admitir o **artigo definido**, que se funde à **preposição** própria do **verbo transitivo indireto**;
III. Sabemos que o acento grave indica a fusão de "a" + "a(s)", mas, nas referidas **locuções**, ocorre apenas a **preposição** (o papel do acento é convencional; neste caso, com a função de distingui-la do **artigo definido**);
IV. Existem apenas duas, ambas **proporcionais**: "à medida/ proporção que" (nelas, como nas **locuções adverbiais**, o acento também é apenas índice de **preposição**);

V. Existem apenas três casos: diante de nomes próprios, antes de **pronomes possessivos** e depois da **preposição** "até" (atenção: há que se distinguir "até", **preposição essencial**, de **palavra denotativa de inclusão**, caso em que não ocorre crase). Nota adicional: modernamente, o acento também é facultativo nas **locuções adverbiais de instrumento.**

9. A – "... e vire à direita": acento na **locução/ adjunto adverbial (de lugar)**, embora não ocorra a crase em si (o mesmo ocorre no enunciado: "... se sentindo à vontade", **locução/ adjunto adverbial (de modo)**.

COMENTÁRIO(S):

B. "Entregue o livro à professora": crase no **objeto indireto** ("entregue a ela", "entregue-lhe") (teste do masculino: "... entregue... ao professor");
C. "Fica a critério...": não ocorre crase antes de palavras masculinas (simples **preposição;** falta, portanto, o **artigo definido** "a", segunda condição para a crase);
D. "A partir de amanhã...": não ocorre crase antes de **verbo** (simples **preposição**) (novamente, falta a segunda condição);
E. "Contei tudo à/ a nossa mãe": a crase é facultativa antes de **pronomes possessivos**, exceto quando estes vêm desacompanhados de **substantivo** ou quando integram uma **locução/ adjunto adverbial** (teste do masculino: "Contei tudo a/ ao meu pai"). Nota adicional: a proibição do acento diante de possessivos seguidos de parentesco não é consensual.

10. B – "... quer tudo à sua maneira": a crase é facultativa antes de **pronomes possessivos**, mas, como "sua", no exemplo dado, integra uma **locução/ adjunto adverbial (de modo)**, neste caso o acento é obrigatório.

COMENTÁRIO(S):

A. "Foi até à/ a janela...": não ocorre crase depois de **preposição**, exceto de "até" (teste do masculino: "Foi até ao/ o portão");
C. "Fale à/ a sua amiga...": a crase é facultativa antes de **pronomes possessivos**, exceto quando estes vêm desacompanhados de **substantivo** ou quando integram uma **locução/ adjunto adverbial** (teste do masculino: "Fale ao/ a seu amigo...");
D. "Não conte nada à/ a Claudete": a crase é facultativa antes de nomes próprios femininos, exceto diante de vultos históricos ou nomes hagiográficos (não ocorre o acento), pois, diante destes, não se supõe intimidade entre os interlocutores (teste do masculino: "Não conte nada ao/ a Cláudio");
E. "À/ A Dalva", lia-se...: idem (note-se: "Para Dalva/ Para a Dalva").

11. A – O acento nas **locuções / adjuntos adverbiais** ("à deriva"; **modo**) e **prepositivas** ("à força de") nem sempre é resultado da fusão de "a" (**preposição**) + "a(s)" (**artigo definido**). O teste do masculino nem sempre é útil, nestes casos, pois é bastante difícil empregá-lo, muitas vezes artificial.

COMENTÁRIO(S):

B. "Não gaste a vista...": mero **artigo definido** ("não a gaste", **objeto direto**) (isto é, "não canse a vista") (falta a **preposição**, primeira condição para a crase);
C. "À força de muita dedicação...": mera **preposição** (**locução prepositiva**). O mesmo ocorre em "à procura de" (falta o **artigo**, segunda condição...);
D. "Faça esse favor à sua amiga": a crase é facultativa antes de **pronomes possessivos** (mas obrigatória quando estes vêm desacompanhados de **substantivo** ou quando integram uma **locução/ adjunto adverbial**);
E. "... à medida que corríamos": o acento na **locução conjuntiva proporcional** (só há uma outra, também craseada: "à proporção que") não é resultado da **regência** de **termo antecedente** (trata-se de mero índice de **preposição**).

12. E – Em geral, não se recomenda o acento nas **locuções adverbiais** de instrumento, mas, modernamente, não há mais consenso quanto a essa regra, tratando-se de um caso optativo (opção estilística). Nota adicional: Mesmo assim, muitas gramáticas (ainda) não incluem este entre os casos facultativos.

COMENTÁRIO(S):

A. "Estão batendo à porta / a porta": com o acento, significa "batendo na porta"; sem ele, jogá-la com estrondo ("batendo-a", **objeto direto**);
B. "Ficou à vontade / a vontade": com o acento, **locução/ adjunto adverbial** (**de modo**); sem ele, "a vontade" é o **sujeito** da oração (= "Restou a vontade");
C. "Lavou à mão / a mão": com o acento, lavou algo usando as mãos (não a máquina de lavar, por exemplo) (**locução/ adjunto adverbial de instrumento**); sem ele, "a mão" é a coisa lavada ("Lavou-a", **objeto direto**);
D. "Pague à prestação / a prestação": com o acento, **locução/ adjunto adverbial** (**de modo**, isto é, parcelado); sem ele, "a prestação" é a coisa paga, isto é, "Pague a parcela" (**objeto direto**: "Pague-a").

13. C – "Iremos à missa...": **adjunto adverbial** (**de lugar**) (teste do masculino: "Iremos ao culto...") / "... após a aula...": não ocorre crase depois de **preposição** (exceto de "até"); trata-se, pois, de mero **artigo definido** (teste do masculino: "... após o culto...") (faltaria a primeira condição, a **preposição**) / "... diremos à diretora...": crase no **objeto indireto** ("diremos a ela", "dir-lhe-emos") (teste do masculino: "... diremos ao diretor...") / "... retornaremos à uma...": acento na **locução/ adjunto adverbial** (**de tempo**), na indicação de hora(s), embora não ocorra a crase em si.

14. E – "Irei à Bahia...": Cp. "Vou à Bahia, volto da Bahia", "Moro na Bahia" (não ocorre determinação do **substantivo** próprio "Bahia"). Nota adicional: só há dois nomes de Estados brasileiros diante dos quais ocorre a crase (o outro é "Paraíba").

COMENTÁRIO(S):

A. "Fui à casa de meus avós": em geral, não ocorre crase diante da palavra "casa" (no sentido de "lar"), exceto quando vem determinada (no destaque);
B. "Fiquei à distância de cem metros": em geral, não se usa o acento na locução "a distância", exceto quando vem determinada (no destaque) (nota adicional: modernamente, pode-se empregar o acento na referida locução, ainda que não haja determinação);
C. "Dei o aviso à Ana do Quincas": a crase é facultativa diante de nomes próprios, mas obrigatória se estes vêm determinados (no destaque);
D. "Irei à Roma de César...": em geral não ocorre nome diante de cidades (Cf.: "Vou a Roma, volto de Roma", "Moro em Roma"), pois estes em geral não admitem o **artigo definido** "a"; porém, havendo determinação (no destaque), a crase é obrigatória, sem exceção.

15. D – "Envolveram até a professora...": quando "até" significa "inclusive" (**palavra denotativa** de inclusão) não ocorre crase (o "a" é mero **artigo definido**) (teste do masculino: "... envolveram até o professor..."). Nota adicional: "até" funciona como **preposição essencial** ou **palavra denotativa**, como vimos acima.

COMENTÁRIO(S):

A. "... viajou à Europa...": Confira: "Vou à Europa, volto da Europa", "Moro na Europa";
B. "... assistia à novela...": no sentido de "ver", o verbo "assistir" é **transitivo indireto** ("assistia a ela", **objeto indireto**) (teste do masculino: "... assistia ao filme..."). Nota adicional: na fala espontânea, esse verbo tem sido amplamente usado como **transitivo direto**, mas tal uso ainda não está abonado pela gramática normativa;
C. "Informe às candidatas...": crase no **objeto indireto** ("informe a elas", "informe-lhes") (teste do masculino: "Informe aos candidatos..."). Esse verbo

pode ser também construído com **objeto direto** (referente a pessoa), seguido de **objeto indireto** (referente a coisa): "Informe as candidatas (informe-as) do resultado", caso em que o "as" é mero **artigo definido**, daí a ausência do acento;

E. "... hoje à tarde": acento na **locução/ adjunto adverbial** (**de tempo**), embora não ocorra a crase em si (o acento é mero índice de **preposição**);

16. C – "... encerram à 00:00 h": na indicação de hora(s), sempre empregamos o acento (**locução/ adjunto adverbial de tempo**), embora não ocorra a crase (fusão) em si.

COMENTÁRIO(S):

I. Nas **locuções/ adjuntos adverbiais**, o acento de crase não é resultante da regência do **termo antecedente**, logo não existe fusão;

III. Aparentemente correta, há que se notar a **concordância nominal** (plural, em gramática, apenas a partir de dois ou mais);

IV. Simples **preposição**, sendo que o acento, como já vimos, é meramente convencional (índice de **preposição**);

V. O que dissemos no item anterior anula a possibilidade de **artigo** na frase.

17. A

COMENTÁRIO(S):

I. "A revista a que me refiro...": teste do masculino: "O livro a que..." (simples **preposição**);

II. "Pôs-se a chorar...": antes de **verbo**, ocorre somente a **preposição**, faltando, portanto, o **artigo definido** (segunda condição para a crase);

III. "... a qualquer uma...": os **pronomes indefinidos**, pela própria definição, não admitem o **artigo definido** "a" antes de si (segunda condição para a ocorrência da crase);

IV. "... peço a Vossa Exa...": os **pronomes de tratamento** não admitem **artigo definido**, pois são neutros quanto ao gênero, exceto os seguintes: "senhora", "senhorita" e "dona";

V. "... assistir a palestras": **substantivos** tomados em sentido indeterminado não admitem o **artigo definido** antes de si (segunda condição).

18. B – "Eu disse à/ a sua irmã...": a crase é facultativa antes de **pronomes possessivos**, exceto quando estes vêm desacompanhados de um **substantivo** ou quando integram uma **locução/ adjunto adverbial** (teste do masculino: "... disse a/ ao seu irmão..." / "... que compraria, à vista...": acento na **locução/ adjunto adverbial** (de modo), embora não ocorra a crase em si (não cabe o teste do masculino, neste caso); "... blusa semelhante à que ela...": crase antes do **pronome demonstrativo** ("a" equivale, no contexto, a "aquela": "... semelhante [aquela] que") (teste do masculino: "... casaco semelhante ao que ...").

19. E – "Avise à senhora...": não ocorre crase antes de **pronomes de tratamento**, à exceção de "senhora", "senhorita" e "dona" (teste do masculino: "Avise ao senhor João...").

COMENTÁRIO(S):

A. "... disposto a colaborar": não ocorre crase antes de **verbos**, pois estes não admitem **artigo definido**, segunda condição para a ocorrência da crase;

B. "Peço a V. Sa. que...": não ocorre crase antes de **pronomes de tratamento**, pois, sendo neutros quanto ao gênero, não admitem **artigo definido** (vide exceções acima);

C. "... refiro-me a outra pessoa": não ocorre crase antes de **pronomes indefinidos** (dos **pronomes**, de maneira geral, exceto os que admitem o **artigo definido**) (teste do masculino: "... refiro-me a outro rapaz");

D. "Não vou mais a reuniões...": não ocorre crase quando o "a" (**preposição**) vem seguido de plural (note-se, porém: "... vou... às reuniões") (teste do masculino: "Não vou mais a encontros...").

20. D – "Não diga nada a ninguém...": não ocorre crase antes de **pronomes indefinidos** (ou dos **pronomes** em geral, exceto antes dos que admitem o **artigo definido**), pois a maioria deles é neutra quanto ao gênero / "... sobre a reunião que faremos...": simples **artigo definido** (teste do masculino: "... sobre o encontro...") / "... faremos à tarde": acento na **locução/ adjunto adverbial** (**de tempo**).

21. A – "... passo a passo": não ocorre crase em expressões formadas por palavras repetidas (nelas, o "a" é mera **preposição**); além disso, a referida expressão é formada por palavra masculina.

COMENTÁRIO(S):

B. "... está à nossa disposição": acento obrigatório, pois, embora "nossa" seja **pronome possessivo**, neste caso está integrando uma **locução/ adjunto adverbial** (**de modo**);
C. "... prece a Nossa Senhora": crase proibida, por se tratar de nome hagiográfico (atenção: não se trata de um caso facultativo dos **pronomes possessivos**, pois, em "Nossa Senhora", "Nossa" faz parte do todo, indivisível);
D. "... voltou a tocar naquele assunto": não ocorre crase antes de **verbos**, pois não admitem o **artigo definido**, segunda condição para a crase;
E. "Tudo leva a uma só conclusão": não ocorre crase antes de palavras indefinidas (**artigo** ou **pronomes indefinidos**), pois estas não admitem, por questão de lógica, o **artigo definido** (o "a" é mera **preposição**) (teste do masculino: "... leva a um só raciocínio...").

22. C – "... frango a passarinho": aqui, não se subentende a expressão "à moda (de)", pois passarinho não dita moda. O mesmo ocorre em "bife a cavalo" (são **locuções/ adjuntos adverbiais** formados por palavra masculina).

COMENTÁRIO(S):

Em todas as demais alternativas, subentende-se a referida expressão:

A. "O penteado à [moda de] Elvis Presley...";
B. "... filé à [moda] francesa...";
D. "... bife à [moda] milanesa...";
E. "... macarrão à [moda] milanesa".

Teste do masculino: "Penteado ao estilo de Elvis Presley...", "... filé ao estilo francês...", etc.

23. B – "Não vá àquele lugar...": isto é, "... vá a aquele..." ("a" + "aquele", **pronome demonstrativo**).

COMENTÁRIO(S):

A. "... reporte-se a qualquer...": não ocorre crase antes de **pronomes indefinidos**, pois estes, por questão de lógica, não admitem o **artigo definido**, segunda condição para a crase;
C. "... não fiz referência a estas pessoas...": não ocorre crase antes de **pronomes demonstrativos** (exceto a crase eufônica em "aquilo" e "aquele" (e variações) (teste do masculino: "... não fiz referência a estes indivíduos...");
D. "... sujeitos a multas pesadas": quando o "a" (**preposição**) vem seguido de plural, não ocorre crase (teste do masculino: "... sujeitos a impostos..."), pois o **substantivo** no plural é tomado em sentido indeterminado (mas: "... sujeitos às multas previstas na lei") (note-se a determinação, no destaque);
E. "Sujeito a multa...": quando o **substantivo** é tomado em sentido indeterminado ("... sujeito a uma/ qualquer multa"), não ocorre crase (teste do masculino: "... sujeito a tributo").

24. E – "... de quinze a vinte pessoas...": não ocorre crase antes de **numerais** não determinados (compare: "Fizeram uma homenagem às duas alunas", teste do masculino: "... homenagem aos dois alunos").

COMENTÁRIO(S):

A. "Viajaremos à Espanha...": Compare: "Vou à Espanha", volto da Espanha", "Moro na Espanha" (crase da **preposição** "a", exigida pelo **termo regente**, como o **artigo definido** "a", admitido pelo **termo regido**);
B. "... no local à uma...": acento na **locução/ adjunto adverbial** (**de tempo**), na indicação de hora(s), embora não ocorra a crase em si (o acento é mero índice de **preposição**);
C. "... gritaram todos à uma...": acento na **locução/ adjunto adverbial** (de modo) (isto é, "à uma só voz", "em uníssono"), embora não ocorra a crase em si;
D. "Os livros da quinta a oitava série...": na correlação "de... a" não ocorre crase; na correlação "da... a", sim (teste do masculino: "Os livros do quinto ao oitavo ano...", portanto: "... livros da quinta à oitava...").

25. B – "A enciclopédia a cuja autora...": não ocorre crase antes de **pronomes relativos**, pois estes não admitem o **artigo definido**, segunda condição para a crase (exceções: "qual" e "quais") (teste do masculino: "A enciclopédia a cujo autor você se refere...").

COMENTÁRIO(S):

A. "... retornaram a terra": diante da palavra "terra", designando "chão firme", em oposição a "bordo", não ocorre crase (em outras acepções, o acento ocorre normalmente);
C. "Vou para a Bahia...": não ocorre crase depois de **preposição** (compare: "Vou à Bahia...");

D. "O livro a que a professora se refere...": não ocorre crase antes de **pronomes relativos** (vide exceções acima);

E. "... mas à sua": em geral, a crase é facultativa antes de **pronomes possessivos**, pois estes admitem ou não o **artigo definido** (a segunda condição), mas o acento é obrigatório, no exemplo dado, porque o possessivo vem desacompanhado de **substantivo** (subentendido): "... alusão a minha esposa, mas à sua (esposa)".

26. E

COMENTÁRIO(S):

I. A explicação, aparentemente, está correta, mas note-se que há, opcionalmente, a preposição "para" antes de "a" (não ocorre crase depois de **preposição**, exceto de "até");

II. Não se pode usar o acento antes de nomes de santos, mas a palavra, opcionalmente, "santo" não é um nome, a não ser quando forme um todo "Santa Rita" (teste do masculino: "Pediu ao santo que...").

III. Não ocorre crase quando o "a" (**preposição**) vem seguido de plural (ou, por outra, quando o **substantivo** é tomado em sentido indeterminado (teste do masculino: "... discursou a mulheres e [a] homens...");

IV. A crase ocorre em função da palavra/ expressão implícita "moda (de)": "... se vestia à (moda de) Luís XV" (teste do masculino: "... se vestia ao estilo de Luís...");

V. A primeira lacuna só pode ser preenchida com "à", já a segunda não deve ser preenchida (quer dizer, "Ela deu um lindo bebê à luz", em que os termos destacados são, respectivamente, **objeto direto** e **objeto indireto**).

27. C

COMENTÁRIO(S):

I. "Prefiro vinho a cerveja": o nome feminino "cerveja" não vem determinado por **artigo**, portanto não cabe o acento (compare: "Prefiro o vinho à cerveja");

II. "Não diga nada a ninguém": não ocorre crase antes de **pronomes indefinidos**, pois estes, por questão de lógica, não admitem o **artigo definido** "a", segunda condição para a crase;

III. A pessoa a quem dei o presente...": não ocorre crase antes de **pronomes relativos** (ou de **pronomes** em geral), exceto "qual" e "quais" (teste do masculino: "O indivíduo a quem dei...");

IV. "As obras às quais me dedico": em geral, não ocorre crase antes de **pronomes relativos** ("qual" e "quais" são exceções) (teste do masculino: "Os trabalhos aos quais me dedico...");

V. "... do Sergipe até à/ a Paraíba": após "até" (**preposição essencial**), o acento de crase é facultativo. (Convém relembrar: "até" também pode ser **palavra denotativa de inclusão**, caso em que não ocorre o acento).

28. A – "A questão a que se aludiu...": não ocorre crase antes de **pronomes relativos**, pois estes, como os pronomes em geral, não admitem o **artigo definido** "a", segunda condição para a crase (exceções: admitem o artigo os **relativos** "qual" e "quais") (teste do masculino: "O fato a que se aludiu...").

COMENTÁRIO(S):

B. "... aludiu à questão": "à questão" é **objeto indireto** do **verbo transitivo indireto** "aludir" ("aludir a ela") (teste do masculino: "... aludiu ao tema...");

C. "... os participantes anuíram à proposta": "à proposta" é **objeto indireto** de "anuir" ("anuir a ela") (teste do masculino: "... anuíram ao projeto");

D. "... as posições às quais aspirávamos...": em geral, não ocorre crase antes dos **pronomes relativos**, à exceção de "qual" e "quais" (teste do masculino: "... os postos aos quais aspirávamos...");

E. "A novela à qual assisti...": na norma-padrão, "assistir" é **verbo transitivo**

indireto; requer, portanto, **objeto indireto** ("assistir a ela") (teste do masculino: "O filme ao qual assisti...").

29. D – Em "contou à moça", o acento ocorre em função da crase em si (fusão) da **preposição** "a", exigida pelo **termo regente**, com o artigo "a", admitido pelo **termo regido** (teste do masculino: "contou ao rapaz"). "À moça" é o **objeto indireto**: "Alguém contou (algo) à moça" ("contou-lhe"/ "contou a ela"). Na primeira opção do par, "a moça" é o **sujeito** da oração, e o "a", **artigo definido** (= "A moça contou [algo] [a alguém]").

COMENTÁRIO(S):

Na segunda opção de cada par, o acento foi indicado meramente para sinalizar que o "a" é uma **preposição** que integra uma **locução/ adjunto adverbial**, com a função de evitar ambiguidade:

A. "matar a fome": saciá-la (**objeto direto**); "matar à fome": manter alguém de fome (**locução de causa**);
B. "cheirar a graxa": cheirá-la (**objeto direto**); "cheirar à graxa": "feder a/ à graxa";
C. "desenhar a mão": desenhá-la (**objeto direto**); "desenhar à mão": **locução/ adjunto adverbial** (**de instrumento**) (lembrete: a recomendação contra o uso do acento nas locuções de instrumento vai se tornando ultrapassada);
E. "pintar a mão": "pintá-la" (isto é, passar esmalte; **objeto direto**); "pintar à mão" (por exemplo, um quadro, uma tela) (**locução de instrumento**).

30. E – "... não aceita (quer) mais as bonecas": com **objeto** relativo a coisa, "querer" é **verbo transitivo direto**, logo "as" é mero **artigo definido** (teste do masculino: "... não quer mais os brinquedos...").

COMENTÁRIO(S):

A. "Devemos seguir (obedecer) à lei": na norma-padrão, "obedecer" é **verbo transitivo indireto**, logo a crase ocorre no **objeto indireto** ("obedecer a ela") (teste do masculino: "... obedecer ao regulamento");

B. "Viu (assistiu) à peça...": no sentido de "ver", "presenciar", "assistir" é **verbo transitivo indireto** ("assistiu a ela"); crase no **objeto indireto** (teste do masculino: "... assistiu ao espetáculo...");

C. "Desejava (visava) à função...": idem ("visava a ela") (teste do masculino: "Visava ao cargo...");

D. "O pai ama (quer) muito às filhas": ibidem ("quer-lhes"/ "quer a elas") (teste do masculino: "... quer muito aos filhos").

31. B - "... À juíza a ré disse...": isto é, "Para a juíza a ré disse..." (crase no **objeto indireto**) ("disse a ela"/ "disse-lhe") (teste do masculino: "Ao juiz a ré disse..."; a → ao = à) / "... a ré disse...": simples **artigo definido** (**sujeito**) (teste do masculino: "À juíza o réu disse..."; a → o = a) / "... que atribuía o acidente a desatenção": não ocorre crase diante de **substantivos** tomados em sentido indeterminado (teste do masculino: "... atribuía o acidente a descuido"; a → a = a) (o "a" é simples **preposição**) / "... estava trabalhando às pressas": acento na **locução/ adjunto adverbial** (**de modo**), embora não ocorra a crase em si.

32. B – Primeira possibilidade: "Disse a mãe que voltaria cedo" ("a mãe" é o **sujeito** da oração, isto é, "A mãe disse que voltaria cedo" (o "a" é mero **artigo definido**) / Segunda possibilidade: "Disse à mãe que voltaria cedo": alguém disse a ela que voltaria cedo, crase no **objeto indireto** (teste do masculino: "Disse ao pai que voltaria..."; a → ao = à). Naturalmente, descarta-se a proposição III, porque a ausência ou presença do acento grave interferem na interpretação/ sintaxe do período.

33. A – "Àquela hora...": crase no "a" + "aquele" (**pronome demonstrativo**), isto é, "A aquela hora..." (crase eufônica) / "... estariam prestes a embarcar...":

não ocorre crase antes de **verbos**, pois estes não admitem o **artigo definido** "a", segunda condição para a crase / "... para a Bahia": não ocorre crase depois de **preposição**, à exceção de "até" (o "a" é mero artigo definido) (teste do masculino: "... para o Estado da Bahia").

34. E – "Faça a prova a/ à tinta": nas **locuções/ adjuntos adverbiais** (de **instrumento** ou **meio**), usa-se o acento opcionalmente, mas, nesta alternativa, não há mudança de sentido.

COMENTÁRIO(S):

A. "Aqui se mata a/ à fome...": com mero **artigo definido**, quer-se dizer "sacia-se a fome"; com "à" craseado, o sentido é "mata-se alguém de fome" (causa);
B. "Recebeu a pessoa a/ à bala": com artigo: a pessoa recebeu o tiro (foi atingida pela bala); com "à": a pessoa foi recebida a tiros;
C. "Feriu seu rosto a/ à navalha": com "a", "a navalha" é o **sujeito** da oração ("A navalha feriu seu rosto"); com "à", referimo-nos ao instrumento: "Feriu seu rosto com navalha";
D. "Ele pintou a / à máquina": com "a", a máquina é a coisa pintada ("pintou-a"); com "à", ele pintou algo usando uma máquina (meio/ instrumento).

35. D – "Às sextas-feiras...": crase no **adjunto adverbial** (**de tempo**), isto é, "Nas sextas..." (teste do masculino: "Aos/ Nos sábados...") / "... não temos aula à tarde": isto é, durante a tarde (acento na **locução/ adjunto adverbial de tempo**), embora não ocorra a crase em si / "As tardes são livres": o "as" é simples **artigo definido**, pois "as tardes" é sujeito da **oração**, o qual, como sabemos, nunca vem encabeçado por "à" craseado / "Venha... a seu critério": não ocorre crase antes de palavras masculinas (diante destas, ocorre "a" + "o" = "ao").

36. B – “Estão batendo à porta”: acento na **locução/ adjunto adverbial** (**de lugar**), isto é, “estão batendo na porta” (responde à pergunta “onde”) (caso fosse **objeto direto**, a interpretação seria outra).

COMENTÁRIO(S):

I. “Por favor, não bata a porta do carro”: o “a” é mero **artigo definido**, pois encabeça o **objeto direto** (“não a bata”), isto é, feche delicadamente;
III. “Levou-o a força da água”: o “a” é mero **artigo definido**, pois integra o **sujeito** da oração (isto é, “A força da água levou-o/ o levou” (o **sujeito** nunca vem antecedido de “à” craseado).

37. C – “A espera de um transplante pode se estender...”: o “a” é simples **artigo indefinido** (“a espera” é o **sujeito** de “pode se estender”) / “À espera de um transplante há muito tempo...”: acento na **locução prepositiva**, formada por núcleo/ palavra feminina (= “Esperando um transplante há muito tempo...”), embora não ocorra a crase em si / “Este mês não pagarei a prestação...”: isto é, a parcela (**objeto direto**: “não a pagarei”), simples **artigo definido** (teste do masculino: “não pagarei o montante...”; a → o = a) / “... não gosto de comprar à prestação”: acento na **locução/ adjunto adverbial** (de modo), embora não ocorra a crase em si.

38. E – “Orou a Nossa Senhora...”: não ocorre crase antes de “Nossa Senhora...”, por se tratar de nome hagiográfico, diante do qual se supõe certo distanciamento entre os interlocutores (note bem: não se trata de um caso de crase facultativa antes do **pronome possessivo** “nossa”).

COMENTÁRIO(S):

A. “... se estendeu até às/ as duas...”: normalmente não ocorre crase depois de **preposições** (exceto de “até”), caso em que o acento é facultativo;

B. "... me referindo às/ as minhas professoras": a crase é facultativa antes de **pronomes possessivos**, ainda que estes estejam no plural (teste do masculino: "Estava me referindo a/ aos meus professores");

C. "Enviou uma carta à/ a Margarida": a crase é facultativa antes de nomes próprios femininos (mas, havendo determinação, o acento é obrigatório: "Enviou uma carta à Margarida do Zé da farmácia");

D. "Resolva... a/ à tinta...": tradicionalmente, proibia-se o acento de crase nas **locuções adverbiais de instrumento**; modernamente, porém, trata-se de um caso facultativo (embora ainda não esteja consignado em todas as gramáticas).

39. D – "... irei até à/ a porta...": não ocorre crase após **preposição**, à exceção de "até", pois pode-se dizer, por exemplo, "irei até o (ou *ao*) portão".

COMENTÁRIO(S):

I. "... se referia a Nossa Senhora...": o acento é proibido, neste caso, por se tratar de vulto religioso (não se deve analisar o **pronome possessivo** "nossa" separadamente, mas como parte do todo que forma o nome próprio);

II. "... esperando aqui desde as duas da tarde": apesar da indicação de horas, atente-se à **preposição** "desde" (não ocorre crase após preposição, exceto de "até", facultativamente);

III. "Direi àquele homem...": a crase eufônica é empregada unicamente nos **pronomes demonstrativos** "aquilo", "aquele" (e variações), para se evitar a leitura da preposição "a" + o "a" inicial dos referidos pronomes (a questão do masculino, neste caso, não interfere).

40. A – "A partir deste momento...": não ocorre crase antes de **verbos**, pois estes não admitem o **artigo definido** "a", segunda condição para a crase (portanto, o "a" é mera **preposição**).

COMENTÁRIO(S):

A. "... estamos sujeitos às penalidades...": crase (obrigatória) no **complemento nominal** (teste do masculino: "... sujeitos aos imperativos legais"; as → aos = às);

C. "... à qual devemos... obedecer": não ocorre crase antes de **pronomes relativos**, sendo "qual(is)" as únicas exceções, pois estes admitem o **artigo definido** "a" (a segunda condição...), a depender do **termo regente** (teste do masculino: "... sujeitos ao código legal, ao qual devemos obedecer"; a → ao = à);

D. "... a fim de estarmos...": trata-se de **locução prepositiva** formada por núcleo/palavra masculina ("fim"), portanto o "a" é mera **preposição**;

E. "... estarmos quites com a justiça": aqui, trata-se de mero **artigo definido** ("... quites com o sistema legal").

Anexo 2 - Testes de Concursos Públicos (Questões 1 a 100)

1. (CESGRANRIO/IBGE) Observe as frases.

I- Dedicou-se às artes e ao estudo da língua portuguesa.
II- O texto faz referência às importações estrangeiras desnecessárias.
III- Compete à nós zelar pelo nosso vocabulário.

O acento indicativo da crase foi corretamente empregado apenas na(s) frase(s):

A) I.
B) II.
C) III.
D) I e II.
E) I e III.

2. (FCC/STN) A ocorrência do sinal de crase justifica-se apenas na frase:

A. Há máscaras que envergamos com relativa naturalidade e àquelas de que nos socorremos com grande constrangimento.
B) As máscaras à que recorrem os atores lembram as que também nós envergamos em nosso dia a dia.
C) Quando assistimos à uma peça teatral, intensificamos nossa percepção das verdades simuladas.
D) As mentiras por vezes não se distinguem das verdades, sobretudo quando se passa a considerar àquelas como absolutamente necessárias.
E) O autor não se refere a um amigo qualquer, mas àquele a quem pedimos olhos nos olhos.

3. (NCE/MPU-RJ) Assinale a opção que preenche corretamente as lacunas:

"Resultados da observação do espaço começaram ___ chegar com o desenvolvimento de dispositivos capazes de detectar luz bem fraca, pondo em questão a definição de planeta, como Plutão, e de alguns corpos celestes cujas órbitas em torno do Sol estão ___ distâncias bem maiores do que ___ existente entre a Terra e o Sol".

A) a – a – à
B) a – a – a
C) à – à – a
D) à – a – à
E) a – à – à

4. (FCC/Metrô-SP) Está correto o emprego do acento indicativo de crase, ou sua ausência, na frase:

A) Com as mãos livres, os homens estavam prontos à carregar os alimentos necessários para sua prole.
B) O homem começou a gastar menos energia a medida que começou a usar somente os pés para andar.
C) Pesquisadores sempre buscaram respostas à questões que explicariam por que o homem se tornou bípede.
D) Graças a posição ereta, o homem consome menos oxigênio do que os chimpanzés ao andar em esteiras.
E) Testes à disposição de pesquisadores são elementos importantes nos resultados obtidos a respeito da evolução da humanidade.

5. (CESGRANRIO/TJ-RO) Indique a opção em que o uso (ou não) do sinal indicativo de crase está correto:

A) Essa proposta convém à todos.
B) O governo aumentou a quantidade de subsídios.
C) A empresa considerou a oferta inferior à outra.
D) Ele está preparado à deixar o cargo.
E) Não vou aderir à modismos passageiros.

6. (NCE) Em referência ao trecho "Quando as imagens voltaram à entrevista...", acerca da crase é linguisticamente adequado afirmar que a ocorrência do acento grave é:

A) necessária, pois indica a junção de preposição com artigo.
B) inadequada, pois não há junção de preposição com artigo.
C) facultativa, porque, mesmo havendo a junção de preposição com artigo, não altera o sentido do que é dito.
D) necessária, pois há a junção da preposição "a" com o pronome demonstrativo "a".
E) facultativa, porque, indiferentemente de haver ou não junção de preposição com artigo, crase é uma questão de estilística.

7. (TACRIM-SP) Das orações abaixo, uma apresenta incorreção quanto ao uso do sinal indicativo de crase. Assinale-a:

A) Pedro foi a cidade de Nova Iorque em meio aos ataques terroristas.
B) Pôs-se a correr assim que viu a bruxa.
C) Todos estão a lhe prestar as devidas homenagens póstumas.
D) Entregue a ela todos os livros que tomamos emprestados.
E) Vários ataques terroristas têm sido planejados para destruir a cidade.

8. (STN) O acento grave foi empregado corretamente, exceto na alternativa:

A) Após o almoço, todos podem dirigir-se à sala.

B) Nós voltaremos à noite, a não ser que a chuva nos impeça.
C) Não falo à pessoas estranhas.
D) Quando chegarmos à Bahia, a primeira coisa a fazer é visitar as igrejas.
E) Tu já escreveste àquele teu amigo?

9. (ESAF) Assinale o enunciado que apresenta <u>erro</u> no uso do acento grave:

A) Os missionários dão origem à uma "cultura local" que se inicia pelo contato.
B) É à curiosidade de entender a alma humana que devo meu amor aos índios.
C) Sendo necessária à concepção do discurso, a história é dele inseparável.
D) Este jogo de formações discursivas remete o texto à sua exterioridade.
E) Assim podemos demonstrar que à contribuição das línguas indígenas se associa uma visão histórica.

10. (TCE-RJ) Assinale a frase em que <u>não</u> deve ser usado o sinal indicativo de crase:

A) A noite costumava ler revistas antigas.
B) Andava a procura de um computador.
C) Fui a praia e depois procurei-o.
D) Ficávamos frente a frente numa convivência diária.
E) O dinheiro se destinava a compra de um carro.

11. (ITA-SP) Assinale a frase em que o acento indicativo de crase foi mal empregado:

A) Chegou à uma hora, pontualmente.
B) Os pescadores pegaram o peixe à unha.
C) Saída de veículos à 200 metros.
D) Sua simpatia pelo governo cubano levou-o a vestir-se à Fidel.
E) O horário para visitas era das 14 às 16 horas.

12. (TRE-SC) Assinale a alternativa cujas formas completam os espaços das proposições abaixo:

I. Daqui ___ instantes, vão começar as provas.
II. O exame realizar-se-á de 20 ___ 23 de outubro.
III. Dirigiu-se ___ seção eleitoral disposto ___ falar ao juiz.
IV. É perigoso andar ___ pé pelas ruas ___ uma hora da madrugada.

A) à, a, a, a, à, a
B) à, a, a, a, a, à
C) a, à, a, a, à, a
D) a, a, à, a, a, à
E) a, à, a, à, a, a

13. (CESPE) Assinale a opção cujos elementos preenchem corretamente as lacunas: "Vimos informar ___ V.S.ª que durante os trabalhos da Comissão Especial seus integrantes estão sujeitos ___ mesmas normas que regulamentam as diretrizes das outras e que ___ conclusões devem retornar ___ mesa do conselho no prazo estabelecido para serem analisadas e encaminhadas ___ todas as secretarias com a máxima urgência. O acesso aos resultados é liberado ___ quem possa interessar."

A) à – às – as – a – a – à
B) à – às – às – a – à – a
C) a – as – às – à – à – a
D) a – às – as – à – a – a
E) a – às – às – à – a – à

14. (FCCE/MPU) Assinale a alternativa correta quanto à ocorrência ou não do acento indicativo de crase.

A) Na Europa, as pessoas usavam os óculos as escondidas.
B) Os monges não mostravam a ninguém como faziam as pedras de leitura.
C) As pessoas passaram à enxergar melhor depois que foram criados os óculos em formado de V invertido.
D) Marco Túlio Cícero não se dirigia à seus escravos porque não os enxergava.
E) As vezes, os problemas de visão não eram revelados para que as pessoas não se aposentassem.

15. (CESGRANGRIO/TCE-RO) Assinale a opção em que está correto o uso do acento indicativo da crase:

A) Muitos universitários recorrem às pesquisas destes autores.
B) Atribui-se à Sérgio Buarque uma visão otimista do Brasil.
C) O autor refere-se, no texto, à uma monumental desigualdade.
D) O Brasil passou a ser entendido à partir desses estudos.
E) O povo brasileiro é dado à festas folclóricas.

16. (NCE) Assinale a frase em que o sinal da crase é facultativo:

A) Fui à Holanda no ano passado.
B) Eles riam às bandeiras despregadas.
C) Estivemos aqui à uma hora da madrugada.
D) Prefiro esta àquela.
E) Não teve acesso à sua colocação no concurso.

17. (CESGRANRIO/BNDS) Assinale dentre as opções abaixo a que dever ter sinal de crase no "a(s)" em destaque:

A) Caminhava <u>a</u> pé refletindo sobre a situação.
B) Dia <u>a</u> dia enfrentava novos desafios.
C) Pense <u>a</u> respeito do que lhe disse.

D) <u>As</u> noites em que chegava cedo dormia tarde.
E) Pôs fim <u>a</u> discussão iniciada há dias.

18. (FCC/TRT-PR) Justificam-se as duas ocorrências da crase em:

A) O valor atribuído à velocidade está prestes à ser substituído por algum parâmetro que leve em conta a ecologia.
B) Desde que se alçou à tal poder, o fator velocidade não tem encontrado oponentes à altura de seu prestígio.
C) Caberá à maioria das pessoas decidir se continuarão preferindo a velocidade à qualidade mesma das experiências.
D) Dada à importância que assumiu na informática, a velocidade dos processos tornou-se indispensável à massa dos internautas.
E) Sabe-se que, à curto prazo, o fator velocidade será submetido à uma rigorosa e justa avaliação.

19. (NCE/PC-DF) "Por vezes, excelentes candidatos, sob o aspecto do conhecimento jurídico, sucumbem ___ necessidade de uma melhor preparação em Português para ___ dissertações e respostas ___ questões."

Qual das alternativas preenche corretamente as lacunas?

A) à – às – às
B) à – as – às
C) a – às – as
D) a – as – as
E) a – as – às

20. (CESGRANRIO) O vocábulo "a" deve estar grafado com o acento indicativo de crase em:

A) Quem se preocupa com a água ajuda o planeta.
B) É centro das pesquisas dos ecologistas a preservação da água.
C) Muitos acreditam que a abundância pode levar ao desperdício.
D) O texto se refere a possibilidade de escassez de água.
E) Daqui a vários anos, talvez a água seja um problema.

21. (MM) Assinale a única alternativa incorreta quanto ao emprego do acento grave:

A) Os alunos assistiram à aula em silêncio.
B) Contarei uma história à estas crianças.
C) Ele correu às cegas pelo campo.
D) Meu pai foi à bela Roma.
E) Cheguei à uma hora e fui dormir.

22. (FUVEST) Indique a forma que não será utilizada para completar a frase: "Maria pediu ___ psicóloga que ___ ajudasse ___ resolver o problema que ___ muito ___ afligia."

A) preposição (a)
B) pronome pessoal feminino (a)
C) contração da preposição "a" com o artigo feminino "a" (à)
D) verbo "haver" indicando tempo
E) artigo feminino (a)

23. (FGV-SP) Assinale a alternativa em que a crase é obrigatória:

A) Referiu-se a V. Exa.
B) O trem partia as nove da noite.
C) Este ano muitos brasileiros irão a Roma.
D) Não tenho de ir a casa para almoçar.
E) Foi a ela que deste a notícia.

24. (UFV-MG) Indique a alternativa em que o sinal indicativo de crase é facultativo:

A) Voltou à casa do juiz.
B) Chegou às três horas.
C) Voltou à minha casa.
D) Devolveu as provas àquela aluna.
E) Voltou às pressas.

25. (FCC/MTE) A frase inteiramente correta quanto ao uso ou não do sinal indicativo de crase é:

A) Os seres vivos sofrem mutações genéticas e podem passa-las à seus descendentes, postas a prova pelas condições ambientais em que estão.
B) Antes de Darwin, havia a versão religiosa, segundo à qual todas as espécies vivas tinham sido criadas por Deus, sendo o homem exatamente igual à ele.
C) Segundo Darwin, as espécies vivas tendem à se diferenciar com o decorrer das eras e espécies "troncos" vão dando origem à outras que se diversificam como "galhos".
D) À luz dos conhecimentos anteriores a ele, Darwin provocou uma revolução sem precedentes na ciência, com sua teoria da evolução das espécies.
E) A publicação do livro "A origem das espécies" pôs fim à conceitos arraigados na sociedade, cabendo à três grandes seguidores confirmar a teoria darwiniana.

26. (NCE) Observa-se que há um grande número de pessoas ___ procura de uma vaga no mercado de trabalho, mas diversos fatores ___ levam ___ desistir dessa busca." As lacunas serão corretamente preenchidas por, respectivamente:

A) à – as – a
B) à – as – à
C) à – às – à

D) a – às – a
E) a – as – à

27. (ESAF) O texto abaixo foi transcrito com adaptações. Assinale a opção que manteve o emprego correto do sinal indicativo de crase:

Interessa (1) à todo o País, por sua importância para (2) à produção, (3) à criação de empregos e o desenvolvimento, a agenda levada ao Congresso (...). Ao apresentar uma lista de 131 projetos considerados favoráveis ou prejudiciais ao setor, ele cobrou dos parlamentares (...) atenção urgente (4) às questões de grande relevância para (5) à economia, especialmente numa fase de crise internacional.

A) 1
B) 2
C) 3
D) 4
E) 5

28. (CEPERJ) O acento grave é facultativo na frase:

A) Meu dia se alongava das sete as onze horas da noite.
B) Todos os dias eu brincava das sete as onze horas da noite.
C) Eu ficava até as onze horas da noite acordado.
D) Eu ouvia a ordem para ir dormir as onze horas da noite.
E) Então, as onze horas da noite eu sempre reclamava.

29. (FEC) Em "A mulher andou pelo supermercado inteiro à procura de um segurança.", o acento indicativo de crase foi empregado pela mesma razão que em:

A) As pessoas chegam ao supermercado às dez horas em ponto.
B) O adulto que reagiu, obedeceu às regras da mãe da criança.

C) À medida que o garoto maltratava o cliente, a população se espantava.
D) Aquela é a senhora à qual se referiu o gerente do supermercado.
E) À custa de muito esforço, conseguiram conter o garoto malcriado.

30. (FGV/SEFAZ-RJ) Dos trechos transcritos do texto, assinale aquele em que se poderia empregar opcionalmente o acento de crase.

A) Preferência a respeito das ações humanas.
B) Diante da multiplicidade de caminhos a nossa disposição.
C) Na verdade, somos obrigados a escolher.
D) Podem ser predicados a todos os atos humanos.
E) Não se reduzem a fenômenos meramente subjetivos.

31. (CESGRANRIO) Em qual dos pares abaixo o "a" deve apresentar acento indicativo de crase?

A) Sempre que possível não trabalhava a noite. / Não se referia a pessoas que não participavam do seminário.
B) Não conte a ninguém que recebi um aumento. / Sua curiosidade aumentava a medida que lia o relatório.
C) Após o julgamento, ficaram frente a frente com o acusado. / Seu comportamento descontrolado levou-o a uma situação irremediável.
D) O auditório IV fica no segundo andar, a esquerda. / O bom funcionário vive a espera de uma promoção.
E) Aja com cautela porque nem todos são iguais a você. / Por recomendação do médico, caminhava da quadra dois a dez.

32. (CMRJ/SMA) É obrigatório empregar o sinal indicativo de crase em:

A) O operário vai fazer os serviços as expensas da empresa.
B) Percorremos a cidade de ponta a ponta.

C) O estabelecimento funcionará até as dezoito horas.
D) Esses papéis podem ser úteis a Vossa Excelência.

33. (VUNESP) Assinale a alternativa que completa corretamente o trecho a seguir: A recente onda de escândalos de corrupção levou as empresas...

A) à alguns ajustes para a adaptação ao mercado atual.
B) à acertadamente buscar maior transparência nas relações comerciais.
C) à uma nova dinâmica de governança e gerenciamento de contratos.
D) à incorporação de área técnica de responsabilidade do compliance.
E) à projetos com órgãos públicos que envolvam combate a fraudes.

34. (FCC) O fenômeno --- que aludi é visível --- noite e --- olho nu.

A) a, à, à
B) a, a, a
C) a, à, a
D) à, a, à
E) à, à, a

35. (FCC) O uso do sinal da crase é <u>injustificável</u> em:

A) Lembrem-se às autoridades de terem sempre em mente o valor da prevenção.
B) Não cabe às pessoas de boa fé repudiar medidas de prevenção ao crime.
C) É penoso assistir às cenas de violência que se multiplicam nas metrópoles.
D) Atribui-se às medidas preventivas uma eficácia maior que a da repressão.
E) À inteligência da prevenção opõem-se aqueles que preferem a força da repressão.

36. (IESES/SERGAS) Assinale a alternativa que completa corretamente as lacunas: "____ pessoa, é imposta a obrigação de obedecer ____ regras, mesmo ____ revelia de seus princípios."

A) A – às – a
B) À – à – à
C) À – a – à
D) A – as – a

37. (FCC-PI) A frase em que o sinal indicativo de crase está empregado corretamente é:

A) O crítico fez referência à algumas telas que Clarice Lispector havia pintado.
B) Gaugin ofereceu um quadro à seu amigo Van Gogh em que este estava representado.
C) O autor associou a arte à certa contaminação para, em seguida, refutar essa hipótese.
D) Vários autores se dedicam à essa problemática que envolve a relação entre arte e loucura.
E) Em seu texto, o crítico José Castello relaciona a criação artística à loucura.

38. (UFC/CCV) Está correta quanto ao uso do acento grave, indicativo de crase, a alternativa:

A) Com o tempo, o computador deixa de obedecer à comandos básicos.
B) Alguns aplicativos dão início, automaticamente, à própria instalação.
C) Os jovens usuários não resistem à tantas novidades no mundo digital.
D) Algumas empresas não dão assistência técnica à computadores antigos.
E) A atenção à cuidados básicos pode evitar problemas nos computadores.

39. (CÂMARA-SP) "Não conte ___ ninguém, mas acredito que faltam ___ ela as características imprescindíveis ___ função que deverá ocupar."

A) a, a, à
B) a, a, a

C) à, a, a
D) à, à, à
E) à, a, à

40. (FUMARC-MG) A crase é obrigatória em:

A) Não vai a clubes aos domingos.
B) Não vá a pé para casa.
C) Estava disposto a falar.
D) Ele vai a Bahia de trem.

41. (VUNESP) (adaptada) Malala vem fazendo campanha pelos direitos das meninas ___ educação desde os 11 anos, quando começou ___ escrever um blog para a BBC, sobre a vida das meninas e mulheres no Paquistão sob o regime Taleban. Personalidades do mundo inteiro uniram-se ___ líderes mundiais que elogiam Malala devido ___ coragem que ___ caracteriza.

A) à...à...a...a...à
B) a...à...a...à...a
C) à...a...a...à...a
D) à...a...à...à...à
E) a...a...à...à...à

42. (CESGRANRIO) Assinale a opção cuja sequência completa corretamente a frase: "___ medida que o tempo passava, ela ficava mais nervosa, ___ espera de uma intuição que ___ levasse ___ tomar ___ decisão acertada."

A) À – a – a – a – a
B) À – à – a – a – a
C) A – à – a – à – a
D) A – a – à – a – à
E) A – a – a – à – a

43. (VUNESP) Leia as frases:

I. Nomes de animais passaram à frequentar as eleições desde 1958.
II. As eleições com grande incidência de votos nulos levaram a resultados discrepantes.
III. Em qualquer pleito, a contagem de votos nulos deve ocorrer as claras.
IV. Faz-se mister dar um fim a essa situação calamitosa de votos nulos.

De acordo com o uso do acento indicativo da crase, está correto apenas o contido em:

A) I e II.
B) I e IV.
C) II e III.
D) II e IV.
E) III e IV.

44. (CONSULPLAN) "As baixas temperaturas, ao mesmo tempo em que são necessárias à conservação das frutas, também podem causar danos ao produto, se a exposição ao frio for prolongada." Assinale a alternativa em que o acento da crase não foi usado pela mesma razão da que se usou no trecho acima:

A) "As frutas ficam, às vezes, muitas horas sob baixa temperatura".
B) "... fique vulnerável à ação de substâncias...".
C) "... para então devolvê-las à câmara fria".
D) "... muitos apresentam resistência às novidades....".
E) "Os cientistas se dedicam à técnica de refrigeração".

45. (CESPE) (adaptada) Assinale a opção em que a frase apresenta o emprego correto do acento indicativo de crase:

A) Isto não interessa à ninguém.
B) Não costumamos comprar roupas à prazo.
C) O estudante se dirigiu à diretoria da escola.
D) Essa é a instituição à que nos referimos.

46. (CESGRANRIO) No trecho: "Em meio à burocracia oficial, o rock ocupou o espaço urbano, os parques, as superquadras (...), cresceu e apareceu.", o uso do sinal indicativo de crase é:

A) facultativo, pois antecipa palavra feminina seguida de adjetivo masculino.
B) inadequado, pois não indica contração.
C) proibido, porque não se admite crase antes de substantivos abstratos.
D) obrigatório, pois indica uma vogal átona representada por um artigo.
E) adequado, pois representa a contração da preposição "a" e do artigo definido "a".

47. (FUNIVERSA) Assinale a alternativa que completa corretamente as lacunas do fragmento a seguir: "O texto refere-se ___ teses antropológicas, cujos temas interessam ___ todos que se dispuserem ___ investigar a história do jeitinho brasileiro".

A) as – à – à
B) às – a – à
C) às – a – a
D) as – à – a
E) às – à – a

48. (NCE-UFRJ) A opção em que o fenômeno da crase é resultante da fusão de "a" (preposição) mais "a" (pronome) é:

A) O papa concedeu entrevista às autoridades brasileiras.

B) Na exposição da problemática, o Ministro se restringiu às disciplinas curriculares.
C) Os candidatos aspiram à aprovação no concurso de provas.
D) O médico, em sua conferência, referiu-se às que estão acometidas de câncer.
E) Os acadêmicos realizaram protestos visando à gratuidade do ensino.

49. (CESGRANRIO) Assinale a opção em que se omitiu o acento indicativo de crase:

A) Comprei o celular a duras penas.
B) Demos aquele funcionário o livro e o fax.
C) Face a face, ele despediu o funcionário.
D) Releia a S. Exa. os fatos acontecidos.
E) O diretor se referiu a ela com elogios.

50. (MPU) Assinale a opção correta quanto ao sinal indicativo de crase em: "Afeito ___ solidão, esquiva-se ___ comparecer ___ comemorações sociais".

A) à – a – a
B) à – à – a
C) à – a – à
D) a – à – a
E) a – a – à

51. (ESAF) Aponte a alternativa em que não ocorre <u>erro</u> no uso do acento indicativo de crase:

A) Caminhava passo a passo a procura de um lugar onde pudesse estar à vontade.
B) Sempre me dirigia aquele lugar, pontualmente às dez horas.
C) Aquela hora ninguém estaria disposto à fazer mais nada.
D) A vontade daquele homem era ir à Roma.

E) Não conte aquilo à ninguém.

52. (FAETEC) Assinale a alternativa que não contenha erro quanto ao uso da crase:

A) Chegou a uma hora em ponto.
B) Ele se referia às candidatas interessadas.
C) Naquela cidade não se obedece a lei.
D) Tu costumas andar à pé?
E) Agradeci a própria pessoa.

53. (FEC) Em um dos itens, a crase não está de acordo com a norma culta. Assinale-o:

A) Toda noite assisto a novelas.
B) Chegamos à noite e saímos às pressas.
C) Não estávamos dispostos à estudar.
D) Pensou que ia à Bahia.
E) Não disse nada à mãe e saiu.

54. (ESAF-INSS) Observe os períodos:

I. Em relação a renda familiar, o emprego intensivo de mão de obra não é a melhor solução.
II. Desde a última década, sinistros presságios atormentam-lhe a mente.
III. Os americanos, habituados à lentidão do ritmo inflacionário, acumulam fortuna.

De acordo com o emprego adequado da crase, deduz-se que:

A) todos os períodos estão corretos.
B) nenhum deles está correto.

C) estão corretos os períodos I e II.
D) estão corretos os períodos II e III.
E) somente o período III está correto.

55. (TCE-MA) Assinale a alternativa que completa a frase: Trouxe ___ mensagem ___ Vossa Senhoria e aguardo ___ resposta, ___ fim de levar ___ pessoa que me enviou.

A) a – a – à – a – a
B) a – à – a – à – a
C) à – à – à – à – a
D) a – a – a – a – à
E) à – a – a – a – a

56. (IME) Assinale a sentença onde a crase foi empregada corretamente:

A) Não se esqueça de chegar à casa cedo.
B) Prefira isto aquilo, já que ao se fazer o bem não se olha à quem.
C) Já que pagaste àquelas dívidas, à que vens?
D) Suas previsões têm toda a razão; à uma hora da madrugada, é um perigo andar à pé.
E) Chegaram até à região marcada e daí avançaram até à praia.

57. (TJ-DF) Respeitando a regência verbal ou nominal do padrão culto, assinale a opção em que não há erro quanto ao uso da crase:

A) As leis às quais devemos obedecer são muito rígidas.
B) Fizeram referência à alunas estudiosas e ofereceram bons empregos.
C) Fazendo referência as alunas estudiosas, ofereceram bons empregos.
D) Deram-lhe o remédio gota à gota.
E) Caminhavam as pressas porque estavam atrasadas.

58. (ESAF) Marque a letra que cuja sequência preenche corretamente, pela ordem de aparecimento, as lacunas do trecho: "O exame das propostas de reforma fiscal, ___ primeira abordagem, leva ___ conclusão de que ___ carga tributária continuará ___ incidir mais sobre salários e menos sobre lucros (...)"

A) à – à – a – a
B) à – a – à – a
C) a – a – a – à
D) a – à – a – a
E) a – a – à – a

59. (ESAF) Assinale a frase em que a palavra sublinhada *não* recebe o acento indicativo de crase:

A) Os apelos <u>a</u> internacionalização da Amazônia ganham contornos de avalanche.
B) Toda manhã <u>a</u> esta hora, depois de ler os jornais, fico deprimida.
C) <u>Aquela</u> hora morta da madrugada todos estavam recolhidos ao leito.
D) As reivindicações dos sindicatos trabalhistas são semelhantes <u>as</u> da classe patronal.
E) Petroleiros trouxeram ao Ministro pauta reivindicatória igual a que haviam divulgado.

60. (CESPE) Assinale a opção em que o "a" deve receber acento indicativo de crase:

A) Não me refiro aqui senão a catástrofes individuais.
B) A que levam estas questões? A conhecer a ira, a conhecê-la bem.
C) Não se atende a um mal menor, quando um maior nos ameaça.
D) Daqui a duas horas, dou-lhe isto pronto.
E) Assistiu a cena, sem que suas feições demonstrassem ressentimento.

61. (ESAF) Examinando as sentenças: Refiro-me àquilo que discutimos. / Chegamos à Argentina de madrugada. / Ele era insensível a dor. / Dedico minhas poesias à Rosânia.

A) Apenas uma está correta.
B) Apenas duas estão corretas.
C) Apenas três estão corretas.
D) Todas estão corretas.
E) Nenhuma está correta.

62. (CESPE) Observe os períodos abaixo:

I. Sempre que ia à Rio Pardo, (...) costumava pedir a benção à velha mãe.
II. Graças à sua formação, ele está sempre mais predisposto ao perdão do que à justiça.
III. Dedica-se com carinho à família, ao amanho da terra e às suas lavouras e plantações.
IV. Solicito a V. Exa. que permita a esta funcionária apresentar-se à nova repartição.
V. Deseja, há muito, à nomeação para o cargo a que tem direito adquirido e indiscutível.
VI. A Aeronáutica colocou helicópteros a disposição à fim de atender os flagelados.

A alternativa em que todos os acentos indicadores de crase estão corretos é:

A) I, III, V e VI.
B) II, III e IV.
C) II e IV.
D) I, II e V.
E) I e III.

63. (IDR-GDF) Nas manchetes a seguir, assinale a alternativa em que não ocorre crase:

A) Sindicalistas vão a Bolsa de Valores para impedir leilão de privatização.
B) Presidente sírio pede a ajuda do Parlamento para vencer a corrupção.
C) Poço na Bacia de Campos leva Petrobras a maior jazida já descoberta.
D) Bush acusa palestinos de criar obstáculos a paz.
E) Bush responde a acusação de Promotor.

64. (ESAF) Assinale a alternativa em que a lacuna da primeira frase deve ser preenchida com *a* e da segunda, com à:

A) As moças gostam de andar ___ cavalo. / Ele percorreu o Brasil de ponta ___ ponta.
B) Essa é a tua caneta; eu me refiro ___ minha. / Ele quer as coisas ___ ferro e fogo.
C) Regresso ___ casa paterna tal qual filho pródigo. / Quem tem boca vai ___ Roma.
D) Apresento desculpas ___ Vossa Exa./ O menino voltou ___ escola animado.
E) Dirigiu-se ___ cada um em particular. / Mandou flores ___ suas admiradoras.

65. (CESGRANRIO) Todas as orações abaixo estão corretas, <u>exceto</u>:

A) Você já esteve em Roma? Eu irei logo a Roma.
B) Refiro-me à Roma antiga, na qual viveu César.
C) Fazes referência à criaturas estranhas.
D) Fui à Lisboa de meus avós, pois lá todas as coisas (...)
E) Já não agrada ir a Brasília, pois a gasolina está muito cara.

66. (ECT) Assinale a opção que completa corretamente as lacunas da seguinte frase: Ficaram frente ___ frente, ___ se olharem, pensando no que dizer uma ___ outra.

A) à – à – a
B) a – à – a
C) a – a – à
D) à – a – a
E) à – a – à

67. (ESA) Marque a alternativa que completa corretamente os espaços vazios:

1. Ouviu o apito de um trem igual ___ que ouvira na infância.
2. Habituara-se ___ boa vida de solteiro.
3. Os adultos vivem dizendo para fazer isso e não ___.

A) àquele – aquela – aquilo
B) àquele – àquela – àquilo
C) aquele – àquela – aquilo
D) aquele – aquela – àquilo
E) àquele – àquela – aquilo

68. (BACEN) Assinale a opção incorreta quanto à crase:

A) Estou disposto a contar tudo a senhora.
B) Eu compro à vista no supermercado.
C) Digo adeus à ilusão.
D) Dirigiu-se a ela a passos lentos.
E) Não tenho coragem de sair à noite.

69. (TFC-TCU) Assinale a opção em que o uso da crase é obrigatório:

A) "Evitei acompanhar Dr. Siqueira em suas visitas noturnas à nossa bem amada."
B) "José Cândido não tinha nem a cor nem o título convenientes à sua filha."
C) "Um rapazito de paletó (...) foi perguntar à Machona pela nhá Rita."
D) "Todos, às vezes, precisam ficar bêbados e por isso bebem."
E) "Mas o peru se adiantava até à beira da mata."

70. (MPU) Nas alternativas que seguem, há três frases que podem estar corretas ou não. Leia-as atentamente e marque a resposta certa:

1. O seu egoísmo só era comparável à sua feiura.
2. Não pôde entregar-se às suas ilusões.
3. Quem se vir em apuros, deve recorrer à justiça.

A) Apenas a frase 1 está correta.
B) Apenas a frase 2 está correta.
C) Apenas as frases 1 e 2 estão corretas.
D) Apenas as frases 2 e 3 estão corretas.
E) As três frases estão corretas.

71. (IME) Assinale a alternativa que completa corretamente o período: "___ noite estava clara e os namorados foram ___ praia para ver a chegada dos pescadores que voltavam ___ terra".

A) a – à – a
B) à – à – a
C) a – à – à
D) a – a – à
E) à – a – à

72. (SERPRO) Analise as sentenças e assinale o correto:

1. A vista disso, devemos tomar sérias medidas.
2. Não fale tal coisa as outras.
3. Dia a dia a empresa foi crescendo.
4. Não ligo aquilo que me disse.

A) apenas a sentença 3 não tem crase.
B) as sentenças 3 e 4 não têm crase.
C) todas as sentenças têm crase.
D) nenhuma das sentenças têm crase.
E) apenas a sentença 4 não tem crase.

73. (FEC/RJ) Assinale a alternativa em que o emprego do acento indicativo de crase é facultativo:

A) "Compreendeu também que já àquela altura dos acontecimentos não era mais possível resolver a questão sem violência."
B) "A vela tinha queimado até a metade;"
C) "Bento arremessou o braço no ar e a sua mão bateu em cheio numa das faces do Capitão."
D) "Foi um silêncio tão grande que Bibi chegou a temer que pudessem ouvir as batidas de seu coração."
E) "A seu lado o Padre Lara observava-o, disfarçadamente."

74. (FEC/RJ) Não sei ___ quem devo dirigir-me: se ___ funcionária desta seção, ou ___ da seção de protocolo.

A) a – a – a
B) a – à – a
C) a – à – à
D) à – a – à

E) à – à – à

75. (FUVEST) Indique a forma que não será utilizada para completar a frase seguinte: "Maria pediu ___ psicóloga que ___ ajudasse ___ resolver o problema que ___ muito ___ afligia".

A) Preposição "a".
B) Pronome pessoal feminino "a".
C) Artigo feminino "a".
D) Verbo "haver" indicando tempo (há).
E) Fusão da preposição "a" e do artigo feminino "a" (à).

76. (TRF) O sinal indicativo de crase foi incorretamente utilizado em:

A) O bom repórter não poupa elogios à higiene dos lixeiros.
B) A esperança sobrevive até mesmo à uma ou outra mutilações.
C) Na adolescência, o motorista teria sucumbido à previsão de uma velhice pobre.
D) O motorista parece dizer às pessoas da cidade: "o lixo é vosso".
E) Os metais do caminhão esplendiam à luz da manhã.

77. (CÂMARA) Dada a oração "Apresentei-lhe à namorada".

A) A crase se justifica pelo objeto indireto.
B) A crase incorre em agramaticalidade, porque é empregada com objeto direto.
C) A regência do verbo empregado exige a crase.
D) A relação entre o objeto indireto e o direto é tal que torna compulsória a ocorrência da crase.

78. (UM/SP) Marque o período em que o uso da crase é permitido:

A) Enviei à Roma suas fotografias.
B) Foi à Lapa para inaugurar a gráfica.
C) Alô, franceses, chegamos à Paris.
D) Viajou à Londres, a fim de rever antigo amor.
E) Referimo-nos à Niterói, em nossa excursão (...)

79. (UFPR) Quais formas completam, pela ordem, as lacunas das frases seguintes?

Daqui ___ pouco vai começar o exame.
Compareceri ___ cerimônia de posse do governador.
Não tendo podido ir ___ faculdade hoje, prometo assistir ___ todas as aulas amanhã.

A) à – a – a – à
B) há – na – à – a
C) a – há – na – à
D) a – na – à – à
E) a – à – à – a

80. (TRE/MG) O acento grave, indicador de crase, está empregado incorretamente em:

A) Tal lei se aplica, necessariamente, à mulheres de índole duvidosa.
B) As novelas, às quais assisti, problematizam a questão da droga.
C) Entregou as chaves (...) àquele senhor que nos desacatou (...)
D) O delegado disse (...) que estava à procura dos foragidos.
E) O bom atendimento às pessoas pobres deve ser prioridade na nova administração.

81. (TRE/RJ) "A tensão social poderia levar-nos a <u>duas extremas posições</u>". Das expressões que substituem a sublinhada na passagem acima, aquela cujo "a" pode ter o acento de crase é:

A) a certa posição
B) a alguma posição
C) a mesma posição
D) a qualquer posição
E) a posições distintas

82. (TRE/GO)

I- O povo da região vai votar à pé ou à cavalo.
II- Pedimos à V. Excelência que não se esqueça do povão, que não o elegeu à toa.
III- O cabo eleitoral dirigiu-se à ela e ensinou-lhe a copiar o nome.
IV- Permaneceram reunidos à noite, face a face, a conversar.

A ocorrência de crase está corretamente indicada:

A) somente na I.
B) somente na II.
C) Somente na III.
D) Somente na IV.
E) Somente na II e IV.

83. (TRF)

O pacote inicia uma reforma agrária ___ pressas.
___ partir de 18 de dezembro, deve-se provar ___ que governam o país que as terras são produtivas. Não há restrição ao registro de novas empresas, exceção feita ___ de capital estrangeiro.

A) as – A – aqueles – às
B) as – À – àqueles – as
C) às – À – àqueles – as

D) às – À – aqueles – às
E) às – A – àqueles – às

84. (FCC) O fenômeno ___ que aludi é visível ___ noite e ___ olho nu.

A) a – a – a
B) a – à – à
C) a – à – a
D) à – a – à
E) à – à – a

85. (TRE/MG) O uso da crase está <u>incorreto</u> em:

A) Chegaram a argumentar cara à cara que não aceitariam sugestões.
B) Já demos nossa contribuição à associação beneficente do bairro.
C) À custa de sacrifício, os estudantes conseguiram ser aprovados.
D) Transmita àqueles jovens nossa mensagem de esperança no futuro.
E) Esta construção é igual à que meu primo construiu na periferia.

86. (ANA/NCE) O caso do acento grave indicativo da crase em "relacionadas à água" repete-se em:

A) "... as águas aumentaram devido à chuva".
B) "... entregaram o caso à Prefeitura".
C) "... os rios secavam à medida que o verão chegava".
D) "... serviram comida à população carente".
E) "... saíram às escondidas".

87. (FUNDEC) Assinale a alternativa em que ocorre uso indevido da crase.

A) O professor dirigiu-se à sala.
B) Maria fez uma promessa à Nossa Senhora.

C) Refiro-me àquilo que vi.
D) O prisioneiro fugiu às pressas.

88. (FCC) A necessidade ou não do sinal de crase está inteiramente observada na frase:

A) Não se impute à uma mulher a culpa de não ter lutado por seus direitos; todas as pressões sociais sempre a conduziram àquela "virtuosa" resignação.
B) Encontra-se a disposição dos interessados a nova edição do Código Civil, à qual, aliás, já se fizeram objeções à torto e à direito.
C) À vista do que dispõe o novo código, não caberá à ninguém a condição "natural" de cabeça de casal, à qual, até então, se reservava para o homem.
D) Pode ser que à curto prazo o novo código esteja obsoleto em vários pontos, à exemplo do que ocorreu com o antigo.
E) Deve-se à luta das feministas o respeito aos direitos que cabem também às outras parcelas de injustiçados que integram a nossa sociedade.

89. (ESAF) Assinale a opção que preenche de forma correta as lacunas do texto.

Está em exame na Casa Civil anteprojeto de lei que instituirá um sistema de incentivo (1) ___ redução dos acidentes e de punição das empresas que submetem seus trabalhadores (2) ___ risco. (3) ___ intenção é reduzir pela metade ou dobrar (4) ___ alíquotas de contribuição para cobertura de acidentes trabalhistas, dependendo do caso. Uma empresa que esteja abaixo da média nacional de acidentes, por exemplo, pode vir (5) ___ pagar menos. O contrário acontecerá (6) ___ empresa que tiver registrado número de acidentes muito acima da média do seu setor. Ela poderá ter (7) ___ alíquota duplicada.

A) a – à – À – às – à – a – à
B) à – a – A – às – à – a – a
C) a – à – A – as – a – a – à

D) à – a – A – as – a – à – a

E) a – à – À – às – à – à – à

90. (FURG/RS) Joana foi ___ bela Campinas, dirigiu-se ___ referida pensão e aí, pondo-se ___ vontade, solicitou ___ criadas um prato ___ portuguesa.

A) a, à, à, as, à

B) a, à, à, às, à

C) à, à, a, às, à

D) à, a, à, às, a

E) à, à, à, às, à

91. (EAGS) Assinale a alternativa na qual o grupo destacado atua como conjunção subordinativa.

A) Eu me referi à medida que contemplava a maioria.

B) O sol ardia mais manso à medida que a tarde se esvaía.

C) Os moradores deram crédito à medida que cortou a água.

D) À medida que una os dois povos é o que todos visam hoje.

92. (FGV) Assinale a alternativa em que se tenha optado corretamente por utilizar ou não o acento indicativo de crase.

A) Vou à Bahia dos meus sonhos.

B) Nosso expediente é de segunda a sexta.

C) Pretendo viajar a Paraíba.

D) Ele gosta de bife à cavalo.

E) Ele tem dinheiro à valer.

93. (FCC) (adaptada) "A parcela da população mundial que ascendeu ___ classe média nos últimos vinte anos passou ___ consumir mais, ___ um ritmo mais acelerado, o que pôs em risco ___ sustentabilidade do planeta." As lacunas estarão corretamente preenchidas, respectivamente, por:

A) À, à, a, à
B) À, a, à, à
C) A, a, à, a
D) A, a, a, a
E) à, a, a, a

94. (CESGRANRIO) (adaptada) As crases empregadas no início de cada uma das seguintes frases do texto se justificam pela regência do verbo "acostumar": "[A gente se acostuma] Às bactérias de água potável. À contaminação da água do mar. À lenta morte dos rios". Uma quarta frase que poderia estar nessa sequência, grafada de acordo com a norma-padrão, seria a seguinte:

A) À ver injustiças.
B) À alguma forma de tristeza.
C) À vida sem prazer.
D) À todas as mazelas do mundo.
E) À essa correria em busca do sucesso.

95. (CESGRANRIO) (adaptada) Verifica-se um DESRESPEITO à norma-padrão quanto ao emprego do acento de crase em:

A) O professor se reportou àquele texto de Machado de Assis.
B) Ele sempre fazia alusão à palavras de seu poeta favorito.
C) Sonhamos em viajar à terra de Gonçalves Dias.
D) Os alunos compreenderam o poema à custa de muito empenho.
E) Prefiro as poesias de Drummond às de Olavo Bilac.

96. (CESGRANRIO) (adaptada) O emprego do acento indicativo de crase está correto em:

A) Os empregados mostraram-se resistentes à mudanças.
B) Muitos gostariam de ter um tempo maior à fim de se qualificar.
C) O mercado oferece menos chance à quem está afastado.
D) O bom profissional está atento à todas as transformações do mercado.
E) Quem quer voltar ao mercado de trabalho deve atender às necessidades de hoje.

97. (VUNESP) À semelhança do trecho – Nem sempre o que era desconhecido... restringe-se à descoberta -, assinale a alternativa em que, após o verbo "restringir", deve ser empregado o acento de crase:

A) O alcance desses sensores restringe-se a limites claros.
B) Sua tarefa restringe-se a medir os intervalos.
C) O alcance do radar restringe-se a Brasília.
D) A visita... restringe-se a horários predeterminados.
E) Essa proibição restringe-se a presença de menores de 18 anos.

98. (VUNESP) Assinale a alternativa em que o acento indicativo de crase está empregado corretamente:

A) A personagem criticou à qualidade da pintura exposta.
B) Aquela pintura foi levada à exposição pela primeira vez.
C) A crítica foi dirigida à esta pintura em particular.
D) A pintura pertence à um artista desconhecido.
E) Os críticos só foram favoráveis à algumas pinturas.

99. (CONSULPLAN) O acento grave, indicador de crase, em "Em resumo, o reconhecimento permite àquele que trabalha transformar o seu sofrimento em desenvolvimento de sua identidade.", justifica-se, pois:

A) Ocorre a fusão da preposição “a” com o artigo “a”.
B) Existe a intenção de dar ênfase ao pronome “aquele”.
C) O pronome “aquele” determina o sujeito da ação verbal.
D) O termo regente do pronome “aquele” exige a preposição “a”.
E) O pronome “aquele” atua como elemento de coesão textual.

100. (NC/UFPR) (adaptada) Considere o uso do acento indicador de crase nas seguintes afirmativas:

1. Os dois saíram às compras no final da tarde.
2. Nas férias, gostava muito de ir à Pernambuco.
3. Os acidentes de trânsito relacionam-se à grande taxa de imperícia e imprudência dos motoristas.
4. Os refrigerantes serão vendidos em copo devido à não devolução dos vasilhames.
5. Os novos casos impeliram os responsáveis à exceções no tratamento das condutas.

O acento grave está correto em:

A) 1 e 3 apenas.
B) 3 e 4 apenas.
C) 1, 3 e 4 apenas.
D) 3 e 5 apenas.
E) 2, 3 e 5 apenas.

Respostas do Anexo 2

1. D – Na frase I, em "Dedicou-se às artes...", a crase ocorre sobre o **objeto indireto** ("dedicou-se a elas") (teste do masculino: "Dedicou-se aos estudos..."); na II, recai sobre o **complemento nominal** de "referência" (compare: "faz referências ao produto estrangeiro").

COMENTÁRIO(S):

III. "Compete a nós...": nunca ocorre crase antes de **pronomes pessoais** (tampouco diante da maioria dos **pronomes**), pois não admitem o **artigo definido** "a" (segunda condição para a crase).

2. E – "... mas (se refere) àquele que...": no contexto, "referir-se" é **verbo transitivo indireto**, logo rege a **preposição** "a", que se funde com o "a" inicial do **pronome demonstrativo** "aquele" (crase eufônica): "... mas se refere a aquele...".

COMENTÁRIO(S):

A. "Há máscaras que envergamos... e (há) aquelas (máscaras) de que nos socorremos...": "aquelas" é simples parte (**adjunto adnominal**) do **objeto direto**;
B. "As máscaras a que recorrem os atores...": nunca ocorre crase antes de **pronomes relativos** (como tampouco ocorre diante da maioria dos **pronomes**), pois estes não admitem o **artigo definido** "a" (segunda condição para a ocorrência da crase) (exceções: "qual" e "quais") (teste do masculino: "Os disfarces a que recorrem os atores...");
C. "... assistimos a uma peça teatral...": não ocorre crase antes de palavras indefinidas (**artigo** ou **pronomes indefinidos**), pois estas, por questão de

lógica, não admitem o **artigo definido** "a" (segunda condição...) (teste do masculino: "Quando assistimos a um filme...");

D. "... quando se passa a considerar aquelas (mentiras)...": simples **objeto direto** ("considerá-las").

3. B – "... começaram a chegar...": não ocorre crase antes de **verbo** (o "a" é simples **preposição**); falta, portanto, a segunda condição para a crase (o **artigo definido** "a") / "... estão a distâncias...": não ocorre crase quando o "a" **(preposição)** está no singular, seguido de plural (ou, por outra, quando o substantivo é empregado em sentido indeterminado / "... distâncias bem maiores do que a [distância] existente...": o "a" é **pronome demonstrativo** (confira: "... do que aquela existente..."), mas não está complementando nenhum **termo antecedente** regendo a **preposição** "a".

4. E –"Testes à disposição de pesquisadores...": acento na **locução prepositiva** formada por núcleo/ palavra feminina, embora não ocorra a crase em si (não cabe o teste de substituição pelo masculino).

COMENTÁRIO(S):

A. "Com as mãos livres...": simples **artigo definido** (teste do masculino: "Com os pés livres...") / "... os homens estavam prontos à carregar...": não ocorre crase antes de **verbo** (falta a segunda condição: o **artigo definido** "a");

B. "O homem começou a gastar...": não ocorre crase antes de **verbo** / "... a medida que começou...": o acento é obrigatório nas **locuções conjuntivas proporcionais** (só existem duas, ambas craseadas: "à medida/ proporção que", embora não ocorra a crase em si) / "... começou a usar..." (**verbo**);

C. "... respostas a questões...": nunca ocorre crase quando o "a" (**preposição**) está no singular e o termo seguinte vem no plural (ou, dito de outra maneira, quando o **substantivo** é tomado em sentido indeterminado);

D. "Graças à posição ereta...": acento no **complemento nominal** (teste do masculino: "Graças ao posicionamento...").

5. C – "... considerou a oferta...": simples **artigo definido** (**objeto direto**: "considerou-a") / "... inferior à outra (oferta)": em geral, não ocorre crase antes dos **pronomes indefinidos** (ou dos **pronomes** em geral), pois estes, por questão de lógica, não admitem o **artigo definido** "a" (segunda condição para a crase), mas alguns poucos o admitem (teste do masculino: "... considerou o produto inferior ao outro".

COMENTÁRIO(S):

A. "... convém à todos": não ocorre crase antes de palavras masculinas (naturalmente, pois estas não admitem artigo definido "a", segunda condição para a crase);
B. "... aumentou a quantidade...": simples **artigo definido** (teste do masculino: "... aumentou o quantitativo...");
D. "... preparado à deixar...": não ocorre crase antes de **verbos**, pois estes não admitem o **artigo definido** (segunda condição);
E. "Não vou aderir à modismos...": não ocorre crase antes de palavras masculinas, naturalmente.

6. A – Verifica-se a junção (fusão, contração) da **preposição** com o **artigo** (a + a[s]) simplesmente fazendo-se a substituição pelo masculino: "Quando as imagens voltaram ao documentário...".

COMENTÁRIO(S):

C. sem o acento, na verdade, não resta sentido algum;
E. notações léxicas não são uma questão de estilística (mas de convenções), ainda que se possa dizer que, em casos facultativos, certos autores prefiram crasear ou não.

7. A – "Pedro foi à cidade de Nova Iorque...": crase no **adjunto adverbial** (**de lugar**) (teste do masculino: "Pedro foi ao município de Nova Iorque...".

COMENTÁRIO(S):

B. "... a correr ... viu a bruxa": no primeiro caso, não ocorre crase antes de **verbo**; no segundo, trata-se de simples **artigo definido** ("quando a viu", **objeto direto**) (teste do masculino: "... viu o bruxo");

C. "... estão a lhe prestar as devidas homenagens...": no primeiro caso, não ocorre crase antes de **verbo**; no segundo, também se trata de simples **artigo** ("prestá-las") (teste do masculino: "... a lhe prestar os devidos votos...");

D. "Entregue a ela...": não ocorre crase antes de **pronomes pessoais** (ou dos **pronomes** em geral, pois estes não admitem o **artigo definido** "a", segunda condição para a crase) (teste do masculino: "Entregue a ele...");

E. "... para destruir a cidade": simples **artigo definido** (**objeto direto**: "destruí-la") (teste do masculino: ".... destruir o vilarejo").

8. C – "Não falo a pessoas estranhas": não ocorre crase quando o "a" (**preposição**) vem seguido de plural (a menos que haja determinação: "Não falo às pessoas estranhas deste lugar"), ou, por outra, quando o **substantivo** é empregado em sentido indeterminado ("pessoas estranhas em geral") (teste do masculino: "Não falo a indivíduos estranhos...").

COMENTÁRIO(S):

A. "... dirigir-se à sala": acento no **adjunto adverbial (de lugar)** (teste do masculino: "dirigir-se ao salão");

B. "Voltaremos à noite...": **locução/ adjunto adverbial** (**de tempo**) formada por núcleo/ palavra feminina / "a não ser que": **locução conjuntiva** (as únicas que recebem acento de **crase** são as **proporcionais** "à medida/ proporção que") / "... a chuva nos impeça": **simples artigo** ("... a não ser que o temporal...");

D. "... chegarmos à Bahia": o nome do Estado admite o **artigo definido** "a" ("Vou à Bahia", volto da Bahia", "Moro na Bahia") (só há um outro Estado que admite a crase, porquanto admite o **artigo definido**: "A Paraíba" ("Moro na Paraíba") / "... a primeira coisa...": **simples artigo definido**; "a fazer": não ocorre crase antes de **verbos**, pois estes não admitem o **artigo definido**, segunda condição para a crase / "... é visitar as igrejas": simples **artigo** ("visitá-las", **objeto direto**) (teste do masculino: "... é visitar os castelos");

E. "... já escreveste àquele teu amigo": crase no **objeto indireto** ("a" + "aquele") (crase eufônica).

9. A – "... dão origem a uma cultura...": não ocorre crase antes de palavras de sentido indefinido (**artigo** e **pronomes indefinidos**), pois estas, por questão de lógica, não admitem o **artigo definido** (segunda condição para a crase) (teste do masculino: "... dão origem a um hábito").

COMENTÁRIO(S):

B. "... devo... aos índios à curiosidade de entender...": crase no **objeto indireto** ("devo a ela"/ "devo-lhe") (teste do masculino: "... devo... aos índios ao desejo de entender...");

C. "Sendo necessária à concepção do discurso...": crase no **complemento nominal** (teste do masculino: "... sendo necessária ao conceber do discurso, a história..." (na substituição pelo masculino, note-se que o **infinitivo** dos verbos é palavra masculina);

D. "... remete o texto à sua exterioridade": em geral, a crase é facultativa antes de **pronomes possessivos**, exceto quando desacompanhados de **substantivo** ou quando integram uma **locução adverbial** (teste do masculino: "... remete ao seu exterior");

E. "... uma visão histórica se associa à contribuição das línguas indígenas": crase no **objeto indireto** ("... se associa a ela") (teste do masculino: "... uma visão histórica se associa ao aporte das línguas...").

10. D – "Ficávamos frente a frente...": não ocorre crase entre palavras repetidas; em tais casos, o "a" é simples **preposição**.

COMENTÁRIO(S):

A. "À noite costumava ler revistas antigas": acento na **locução adverbial** (**de tempo**) formada por núcleo/ palavra feminina; sem o acento, "a noite" seria o **sujeito** da oração;
B. "Andava à procura de um computador": acento na **locução prepositiva** (formada por núcleo/ palavra feminina), embora não ocorra a crase em si;
C. "Fui à praia e depois...": crase no **adjunto adverbial** (**de lugar**) (teste do masculino: "Fui ao lago e depois...");
E. "O dinheiro se destinava à compra de um carro": crase no **objeto indireto** ("... se destinava a ela").

11. C – "Saída... a 200 metros": Não ocorre crase antes de numerais não determinados; no exemplo (o "a" é simples **preposição**).

A. "Chegou à uma hora...": acento na **locução/ adjunto adverbial** (**de tempo**), na indicação de hora(s);
B. "... pegaram o peixe à unha": **locução adverbial de instrumento** (ou **meio**): modernamente, admite-se o acento mesmo diante das locuções de instrumento;
D. "... levou-o a vestir-se à Fidel...": isto é, "... vestir-se à (moda de) Fidel..." (teste do masculino: "... vestir-se ao estilo...");
E. "O horário era das 14 às 16 horas": ocorre crase antes de **numerais**, desde que determinados (compare: "O horário era de 14 as 16 horas").

12. D

COMENTÁRIO(S):

I. "Daqui a instantes...": não ocorre crase antes de palavra masculina;
II. "... de 20 a 23 de outubro": não ocorre crase antes de **numerais** não determinados;

III. "Dirigiu-se à seção eleitoral...": (teste do masculino: "Dirigiu-se ao departamento..." / "... disposto a falar...": não ocorre crase antes de **verbos**, pois estes não admitem o **artigo definido** (segunda condição para a crase);

IV. "... andar a pé...": não ocorre crase antes de palavras masculinas / "... à uma hora da madrugada": acento na **locução/ adjunto adverbial** (**de tempo**), embora não ocorra a crase em si.

13. D

COMENTÁRIO(S):

"Vimos informar (1) a V.S.ª...": não ocorre crase antes de **pronomes de tratamento**, pois estes são neutros quanto ao gênero, não admitindo o **artigo definido** "a" (segunda condição para a crase) / "... seus integrantes estão sujeitos (2) às mesmas normas...": A maioria dos **pronomes** não admite o **artigo definido** (segunda condição), mas alguns, sim (teste do masculino: "... sujeitos aos mesmos regulamentos...") / "... e que (3) as conclusões devem retornar...": simples **artigo definido** (teste do masculino: "... e que os resultados devem retornar...") / "... retornar (4) à mesa do conselho...": crase no **adjunto adverbial** (**de lugar**) (teste do masculino: "... retornar ao local do conselho..." / "... para serem analisadas e encaminhadas (5) a todas as secretarias...": não ocorre crase antes de palavras indefinidas (**artigo**, **pronomes indefinidos**, pois estas, por questão de lógica, não admitem o **artigo definido** "a", (segunda condição) / "O acesso aos resultados é liberado (6) a quem possa interessar": não ocorre crase antes de **pronomes relativos** (exceto de "qual" e "quais", a depender do **termo regente**).

14. B – "... não mostravam a ninguém...": não ocorre crase antes de **palavras indefinidas** (**artigo**, **pronomes indefinidos**, pois, pela lógica, estas não admitem o **artigo definido** "a" (segunda condição para a crase) / "... como faziam as pedras de leitura": simples **artigo definido** ("... como as faziam"; **objeto direto**).

COMENTÁRIO(S):

A. "... usavam os óculos às escondidas": acento na **locução/ adjunto adverbial** (**de modo**) formada por núcleo/ palavra feminina (embora não ocorra a crase em si);

C. "... passaram a enxergar melhor...": não ocorre crase antes de **verbos**, pois estes, naturalmente, não admitem o **artigo definido** (segunda condição para a crase);

D. "... não se dirigia a seus escravos...": não ocorre crase antes de palavras masculinas (antes delas, ocorre "a" + "o" = "ao");

E. "Às vezes, os problemas...": **locução/ adjunto adverbial** (**de tempo**) formada por núcleo/ palavra feminina, embora não ocorra a crase propriamente dita.

15. A – "... recorrem às pesquisas...": crase no **objeto indireto** ("recorrem a elas") (teste do masculino: "... recorrem aos estudos...").

COMENTÁRIO(S):

B. "Atribui-se a Sérgio Buarque...": não ocorre crase antes de palavras masculinas (antes delas, ocorre "a" + "o" = "ao");

C. "... refere-se a uma monumental...": não ocorre crase antes de palavras de sentido indefinido (**artigo**, **pronomes indefinidos)**, pois estas, por questão de lógica, não admitem o **artigo definido** "a" (segunda condição para a crase);

D. "... a partir desses estudos": não ocorre crase antes de **verbo**;

E. "... é dado a festas folclóricas...": não ocorre crase quando o "a" (**preposição**), no singular, vem seguido de plural (teste do masculino: "... não é dado às festas folclóricas..."), ou, por outra: não ocorre crase antes de **substantivos** empregados em sentido indeterminado.

16. E – "Não teve acesso à/ a sua colocação...": a crase é facultativa antes de **pronomes possessivos**, exceto quando estes vêm desacompanhados de **substantivo** ou quando integram uma **locução adverbial**.

COMENTÁRIO(S):

A. "Fui à Holanda...": "Vou à Holanda, volto da Holanda", "Moro na Holanda";
B. "... riam às bandeiras despregadas": acento na **locução adverbial** (**de modo**) formada por núcleo/ palavra feminina, embora não ocorra a crase em si;
C. "Estivemos aqui à uma hora...": idem (**locução/ adjunto adverbial de tempo**), na indicação de hora(s);
D. "Prefiro esta àquela": a **preposição** "a" funde-se com o "a" inicial do **pronome demonstrativo** "aquele" (e variações), para se evitar a leitura dos dois "aa" ("Prefiro esta a aquela") (crase eufônica).

17. E – "Pôs fim à discussão...": crase no **objeto indireto** ("pôs... a ela"/ "pôs-lhe") (teste do masculino: "Pôs fim ao debate").

COMENTÁRIO(S):

A. "Caminhava a pé...": não ocorre crase antes de palavras masculinas (antes destas, ocorre "a" + "o" = "ao");
B. "Dia a dia enfrentava...": não ocorre crase entre palavras repetidas (em tais expressões, o "a" é mera **preposição**);
C. "Pense a respeito...": palavra masculina;
D. "As noites em que chegava cedo...": mero **artigo definido** (= "Nas noites em que chegava cedo...").

18. C – "Caberá à maioria das pessoas...": crase no **objeto indireto** ("caberá a elas") (teste do masculino: "Caberá ao maior número de pessoas...").

COMENTÁRIO(S):

A. "O valor atribuído à velocidade...": justifica-se; teste do masculino: "... o valor atribuído ao velocímetro..." (crase no **complemento nominal**) / "... está prestes a ser substituído...": não se justifica, pois não ocorre crase antes de **verbos** (estes não admitem o **artigo definido** "a", segunda condição para a crase);

B. "Desde que se alçou a tal poder...": não se justifica, pois não ocorre crase antes de palavras masculinas / "... componentes à altura de seu prestígio": justifica-se, pois o acento é empregado em **locuções prepositivas** formada por núcleo/ palavra feminina, embora não ocorra a crase em si;

D. "Dada a importância que assumiu...": não se justifica, pois trata-se de simples **artigo definido** (teste do masculino: "Dado o relevo que assumiu...") / "... tornou-se indispensável à massa dos internautas": justifica-se (teste do masculino: "...tornou-se indispensável ao conjunto de internautas" (crase no **complemento nominal**);

E. "Sabe-se que, a curto prazo...": não se justifica, pois não ocorre crase antes de palavras masculinas (antes destas, ocorre "a" + "o" = "ao"); "... será submetido a uma justa avaliação": não se justifica, pois não ocorre crase antes de palavras indefinidas (**artigo indefinido**, **pronomes indefinidos**, pois estas, por questão de lógica, não admitem o **artigo definido** "a", segunda condição para a crase).

19. B – "... excelentes candidatos... sucumbem à necessidade...": crase no objeto indireto ("sucumbem a ela...") (teste do masculino: "... sucumbem ao desejo..." / "... de uma melhor preparação... para as dissertações...": não ocorre crase após **preposição** (exceto "até") (teste do masculino: "... para os textos...") / "... e respostas às questões": (teste do masculino: "... e respostas aos questionários") (crase no **complemento nominal**).

20. D – "... se refere à possibilidade...": crase no **objeto indireto** (teste do masculino: "... se refere ao possível cenário de escassez...").

COMENTÁRIO(S):

A. "Quem se preocupa com a água...": simples **artigo definido** (teste do masculino: "Quem se preocupa com o fogo...");

B. "É centro das pesquisas... a preservação...": idem ("É centro das pesquisas... o cuidado com a água");
C. "... acreditam que a abundância pode levar...": ibidem (Cp.: "... acreditam que o excesso pode levar...");
E. "Daqui a vários anos...": não ocorre crase antes de palavras masculinas, pois, antes destas, ocorre "a" + "o" = "ao" (o "a" é simples **preposição**).

21. B – "Contarei uma história a estas crianças": não ocorre crase antes de **pronomes demonstrativos**, exceto "aquele" e variações, como, aliás, não ocorre diante da maioria dos **pronomes** (teste do masculino: "Contarei uma história a estes meninos").

COMENTÁRIO(S):

A. "... assistiram à aula em silêncio": crase no **objeto indireto** ("assistiu a ela") (teste do masculino: "... assistiram ao debate..." (na norma-padrão, "assistir" é **verbo transitivo indireto**, em descompasso com a fala espontânea, em que é mais comumente empregado como **transitivo direto**, "assistiu-a");
C. "... correu às cegas...": acento na **locução/ adjunto adverbial (de modo)**, embora não ocorra a crase em si;
D. "... foi à bela Roma": compare: "... voltou da bela Roma" (nomes de cidade não admitem crase, a menos que venham determinados, neste caso, pelo **adjetivo/ adjunto adnominal** "bela");
E. "Cheguei à uma hora...": acento na **locução/ adjunto adverbial (de tempo)**, na indicação de hora(s), embora não ocorra a crase propriamente dita.

22. E
COMENTÁRIO(S)

A. O "a" antes de "resolver" (**verbo**) é simples **preposição**;
B. Ocorrem dois (**oblíquos átonos**): em "... que a ajudasse" e "... há muito a afligia" (neste caso, "a" equivale ao **pronome pessoal reto** "ela");

C. Primeira lacuna: "Maria pediu à psicóloga..." (Cp.: "... pediu ao psicólogo...");
D. Penúltima lacuna: "... resolver o problema que há muito (tempo) a afligia".

23. B – "... partia às nove da noite": emprega-se o acento grave (embora não indique a crase em si) na indicação de hora(s) (**locução/ adjunto adverbial de tempo**).

COMENTÁRIO(S):

A. "Referiu-se a V. Exa": não ocorre crase antes de **pronomes de tratamento** (exceto das palavras "dona", "senhora" e "senhorita");
C. "... muitos brasileiros irão a Roma": o "a" é simples **preposição**, pois, em geral, nomes de cidade não admitem **artigo definido** (compare: "Vou a Roma, volto de Roma", "Moro em Roma");
D. "Não tenho de ir a casa...": a palavra "casa", no sentido de "lar", quando não vem determinada, não é antecedida de "à" (compare: "Não tenho de ir à casa de meus pais..."));
E. "Foi a ela que deste...": não ocorre crase antes de **pronomes pessoais** (ou dos **pronomes** em geral), pois a maioria deles é neutra quanto ao gênero, não admitindo o **artigo definido** "a" (segunda condição para a crase) (teste do masculino: "Foi a ele que...") (o "a" é simples **preposição**).

24. C – "Voltou à/ a minha casa": a crase é facultativa antes dos **pronomes possessivos**, exceto quando estes vêm desacompanhados de substantivo ou quando integram uma locução adverbial.

COMENTÁRIO(S):

A. "Voltou à casa do juiz": em geral, não ocorre crase diante da palavra "casa", no sentido de "lar", a não ser que ela venha determinada (no destaque) (teste do masculino: "Voltou ao lar do juiz");

B. "Chegou às três horas": ocorre o acento (mas não a crase em si) na indicação de hora(s) (**locução/ adjunto adverbial de tempo**);

D. "Devolveu as provas àquela aluna": a **preposição** "a" funde-se com o "a" inicial dos **demonstrativos** "aquilo", "aquele" (e variações) para se evitar a repetição desses dois fonemas (crase eufônica): "Devolveu as provas a aquela aluna". Note-se ainda que, sem o acento, na referida frase, "aquela aluna" se torna o **sujeito** do **verbo** "devolver" (com o acento, "àquela aluna" é o alvo da ação, portanto, **objeto indireto**);

E. "Voltou às pressas": acento na **locução/ adjunto adverbial** (**de modo**) formada por núcleo/ palavra feminina, embora não ocorra a crase em si.

25. D – "À luz dos conhecimentos...": acento na **locução prepositiva** formada por núcleo/ palavra feminina / "... conhecimentos anteriores a ele...": não ocorre crase antes de palavras masculinas (antes destas, acorre "a" + "o" = "ao").

COMENTÁRIO(S):

A. "... e podem passá-las a seus descendentes...": não ocorre crase antes de palavras masculinas ("a" + "o" = "ao"); / ...postas à prova pelas condições...": crase no **adjunto adverbial** (**de modo**) (teste do masculino: "... postas ao teste...";

B. "... havia a versão religiosa...": mero **artigo definido** (teste do masculino: "... havia o ponto de vista religioso...") / "... segundo a qual...": idem (teste do masculino: "... havia o ponto de vista religioso, segundo o qual..."); "...sendo o homem exatamente igual a ele": não ocorre crase antes de palavra masculina ("a" + "o" = "ao");

C. "... as espécies vivas...": mero **artigo definido** (teste do masculino: "... os seres vivos...") / tendem a se diferenciar...": não ocorre crase antes de **verbos**, pois estes não admitem o artigo definido "a" (segunda condição para a crase) / "... e espécies "troncos" vão dando origem a outras...": não ocorre crase quando o "a" (**preposição**) está no singular e o termo seguinte vem no plural (mas: "... vão dando origem às outras...");

E. "A publicação do livro...": simples **artigo definido** (teste do masculino: "O lançamento do livro...") / "... pôs fim a conceitos arraigados...": não ocorre crase antes de palavras masculinas (antes destas, ocorre "a" + "o" = "ao" / "... cabendo a três grandes seguidores...": não ocorre crase antes de **numerais** não determinados (compare: "... cabendo às três grandes seguidoras..." / "... confirmar a teoria darwiniana": mero **artigo definido** ("confirmá-la", **objeto direto**) (teste do masculino.: "... confirmar o teorema...").

26. A – "... há um grande número de pessoas à procura de uma vaga": acento na **locução prepositiva** formada por núcleo/ palavra feminina, embora não ocorra a crase em si / "... mas diversos fatores as levam...": nunca ocorre crase nos **pronomes oblíquos átonos** (= "diversos fatores levam elas...", coloquialmente) / "a desistir dessa busca": não ocorre crase antes de **verbos**, pois estes não admitem o artigo definido "a", segunda condição para a crase.

27. D – "... atenção urgente às questões...": crase no **complemento nominal** (teste do masculino: "... atenção urgente aos problemas...".

COMENTÁRIO(S):

A. "Interessa a todo o País...": não ocorre crase antes de palavras masculinas (antes destas, ocorre "a" + "o" = "ao");
B. "... por sua importância para a produção...": não ocorre crase após **preposição** (exceto de "até") (teste do masculino: "... importância para o desenvolvimento..."); o "a" é mero **artigo definido**;
C. "... [e para] a criação de empregos...": idem (teste do masculino: "... para o desenvolvimento de empregos...");
E. "... questões de grande relevância para a economia...": não ocorre crase após **preposição** (exceto "até") (teste do masculino: "... relevância para o cenário econômico...") (simples **artigo definido**).

28. C – "... fico até as/ às onze horas...": não ocorre crase após **preposição**; porém, após "até", é facultativo o acento.

COMENTÁRIO(S):

A. "... se alongava das sete às onze horas...": na correlação "das... às", sempre empregaremos o acento (mas não na correlação "de... a(s)", p.ex.: "... se alongava de sete a onze horas...");
B. "... brincava das sete às onze...": idem (mas: "... de sete as onze...");
D. "... ordem para ir dormir às onze horas...": emprega-se o acento (embora não indique a crase em si) na indicação de hora(s) (**locução/ adjunto adverbial (de tempo**);
E. "Então, às onze horas...": idem.

29. E – No enunciado, em "... à procura de um segurança", o acento foi usado em função da **locução prepositiva** "à procura de", formada por núcleo/ palavra feminina ("procura"); temos o mesmo na locução "à custa de" (lembrete: as **locuções adverbiais** e as **prepositivas** podem-se confundir, porém há um artifício simples para distingui-las: a **locução adverbial** pode começar por **preposição**, mas a **prepositiva** sempre termina com **preposição,** em geral **"de"**).

COMENTÁRIO(S):

A. "... chegavam... às dez horas em ponto": acento na indicação de hora(s) (**locução/ adjunto adverbial de tempo**);
B. "... obedeceu às regras...": crase no **objeto indireto** ("obedeceu a elas") (teste do masculino: "... obedeceu aos pedidos...");
C. "À medida que o garoto...": acento na **locução conjuntiva proporcional**, embora não ocorra a crase em si (relembrando: só existe outra locução conjuntiva craseada, também proporcional: "à proporção que");
D. "Aquela é a senhora à qual se referiu...": crase antes do **pronome relativo**

"qual" em função de **objeto indireto**) (teste do masculino: "Aquele é o senhor ao qual se referiu..."). Lembrete: não ocorre crase antes de **pronome relativo**, exceto de "qual(is)", dependendo do **termo regente/ antecedente**.

30. B – "... caminhos à nossa disposição": a crase é facultativa antes de **pronomes possessivos**, exceto quando antes ocorrem desacompanhados de um substantivo ou quando integram uma **locução adverbial**.

COMENTÁRIO(S):

A. "... a respeito das ações...": não ocorre crase antes de palavras masculinas (antes destas, ocorre "a" + "o" = "ao");
C. "... somos obrigados a escolher": não ocorre crase antes de **verbos**, pois estes não admitem o artigo definido "a" (segunda condição para a crase);
D. "... predicados a todos os atos...": não ocorre crase antes de palavras masculinas ("a" + "o" = "aos");
E. "Não se reduzem a fenômenos...": idem.

31. D – "... à esquerda": acento na **locução/ adjunto adverbial** (**de lugar**), embora não ocorra a crase em si / "... vive à espera de uma...": idem (**locução prepositiva**).

COMENTÁRIO(S)

A. "... não trabalhava à noite": acento na **locução adverbial** (**de tempo**) / "Não se referia a pessoas...": não ocorre crase quando o "a" vem no singular e o termo seguinte está no plural, ou, por outra, quando o **substantivo** é tomado de forma indeterminada (teste do masculino: "Não se referia a indivíduos...");
B. "Não conte a ninguém...": não ocorre crase antes de palavras indefinidas (**artigo**, **pronomes indefinidos**), pois estas, por questão de lógica, não admitem o **artigo definido** "a" (segunda condição para a crase) / "... aumentava à medida que lia...": acento na **locução conjuntiva**

proporcional, embora não ocorra a crase em si;

C. "... ficaram frente a frente...": não ocorre crase entre palavras repetidas (o "a" é mera **preposição**) / "... levou-o a uma situação...": não ocorre crase antes de palavras indefinidas (**artigo**, **pronomes indefinidos**, pois estas repelem o **artigo definido** "a") (teste do masculino: "... levou-o a um problema...");

E. "... iguais a você": não ocorre crase antes dos **pronomes de tratamento**, pois estes são neutros quanto ao gênero, não admitindo o **artigo definido** "a", segunda condição para a crase / "... caminhava da quadra dois à [quadra] dez": teste do masculino: "... caminhava do marco dois ao [marco] dez"). Lembrete: Não ocorre crase antes de numerais não determinados; no exemplo em questão, ela está em função de palavra subentendida.

32. A – "... fazer os serviços às expensas da empresa": acento na **locução prepositiva** formada por núcleo/ palavra feminina, embora não ocorra a crase em si.

COMENTÁRIO(S):

B. "... de ponta a ponta": não ocorre crase entre palavras repetidas (o "a" é mera **preposição**);

C. "... funcionará até às/ as dezoito...": o acento é facultativo depois da **preposição** "até" (convém relembrar: não ocorre crase após **preposições**, sendo "até" a única exceção, opcionalmente);

D. "... úteis a Vossa Excelência": não ocorre crase antes de **pronomes de tratamento**, pois estes são neutros quanto ao gênero, não admitindo o **artigo definido** "a" (o "a" é simples **preposição**). Notem-se as exceções: "dona", "senhora" e "senhorita" (em tempo: tais exceções são "formas de tratamento", não exatamente **pronomes**).

33. D – "... levou as empresas à incorporação...": crase da **preposição** "a", exigida pelo termo **regente/ antecedente** "levar" + o **artigo definido** "a" admitido pelo **substantivo** "incorporação" (crase no **objeto indireto**) ("levou a ela").

COMENTÁRIO(S):

A. "... a alguns ajustes...": não ocorre crase antes de palavras masculinas, pois, antes destas, ocorre "a" + "o" = "ao" (o "a" é mera **preposição**);
B. "... a acertadamente buscar...": não ocorre crase antes de **verbos**, pois estes não admitem o **artigo definido** "a" (segunda condição para a crase) (o "a" é simples **preposição**);
C. "... a uma nova dinâmica...": não ocorre crase antes de palavras indefinidas (**artigo**, **pronomes indefinidos**), pois estas, logicamente, repelem o **artigo definido** "a" (segunda condição...);
E. "... a projetos com órgãos...": palavra masculina (mera **preposição**).

34. C – "O fenômeno a que aludi...": não ocorre crase antes de **pronome relativo**, exceto de "qual(is), dependendo da **regência** do **termo antecedente**" / "... é visível à noite...": acento, mero índice de **preposição**, na **locução** / **adjunto adverbial** (**de tempo**), embora não ocorra a crase em si / "... e a olho nu": não ocorre crase antes de palavras masculinas (antes destas, ocorre "a" + "o" = "ao").

35. A – "Lembrem-se as autoridades...": O termo craseado é, na verdade, o **sujeito** da oração: "As autoridades lembrem-se de ter(em)...", e isto não é possível, pois o **sujeito** não pode ser regido por **preposição** (uma das duas condições para a crase) (teste do masculino: "Lembrem-se os homens da autoridade de...").

COMENTÁRIO(S):

B. "Não cabe às pessoas de boa fé...": crase no **objeto indireto** ("não lhes cabe", "não cabe a elas") (teste do masculino: "Não cabe aos indivíduos de boa-fé...");
C. "É penoso assistir às cenas de violência...": idem (teste do masculino: "... assistir aos atos de violência...");
D. "Atribui-se às medidas preventivas...": ibidem (teste do masculino: "Atribui-se aos métodos preventivos...");

E. "À inteligência da prevenção opõem-se...": ibidem (teste do masculino: "Ao mérito da prevenção opõem-se...").

36. C – "À pessoa, é imposta...": crase no **objeto indireto** (teste do masculino: "Ao indivíduo, é imposta..." / "... a obrigação de obedecer a (ou às) regras...": sem acento, com o "a" no singular e o termo seguinte no plural (**objeto indireto**) ("obedecer a elas"); ou com o acento, com o "às" também no plural / "... mesmo à revelia de seus princípios": acento na **locução prepositiva** (formada por núcleo/ palavra feminina, embora não ocorra a crase em si.

37. E – "... relaciona a criação artística à loucura": crase no **objeto indireto** ("relaciona a ela") (teste do masculino: "... relaciona a criação... ao delírio").

COMENTÁRIO(S):

A. "... faz referência a algumas telas...": não ocorre crase quando o "a" (**preposição**) vem seguido de plural (diga-se, ainda, que "algumas" é **pronome indefinido**) (teste do masculino: "... faz referência a alguns quadros...");

B. "... ofereceu um quadro a seu amigo...": não ocorre crase antes de palavras masculinas, pois, diante destas, ocorre "a" + "o" = "ao" (lembre-se: "... ofereceu um quadro à (ou a) sua amiga" - acento opcional antes de **pronome possessivo**);

D. "... associou a arte a certa contaminação...": não ocorre crase antes de palavras indefinidas (**artigo**, **pronomes indefinidos**), pois estas, por questão lógica, não admitem o **artigo definido** "a", segunda condição para a crase (teste do masculino: "... associou a arte a certo contágio...");

E. "... se dedicam a essa problemática...": não ocorre crase antes de **pronomes demonstrativos** (exceto de "aquele" e variações e do **demonstrativo** "a" (em ambos os casos, a depender do **termo regente/ antecedente**) (teste do masculino: "... se dedicaram a esse problema...").

38. B – "... dão início... à própria instalação": crase no **complemento nominal** (teste do masculino: "... dão início... ao próprio processo de instalação").

COMENTÁRIO(S):

A. "... deixa de obedecer a comandos básicos": não ocorre crase antes de palavras masculinas (antes destas, ocorre "a" + "o" = "ao");
B. "... não resistem a tantas novidades...": não ocorre crase quando o "a" está no singular, seguido de plural (note-se, ainda, que "tantas" é **pronome indefinido**);
D. "... não dão assistência a computadores...": não ocorre crase antes de palavras masculinas ("a" + "o" = "ao");
E. "A atenção a cuidados básicos...": idem.

39. A – "Não conte a ninguém...": não ocorre crase antes de palavras indefinidas (**artigo**, **pronomes indefinidos**), pois estas, por questão de lógica, repelem o **artigo definido** "a", segunda condição para a crase / "... faltam a ela...": não ocorre crase antes de **pronomes pessoais** (teste do masculino: "... faltam a ele..."); "... as características imprescindíveis à função...": crase no **complemento nominal** (teste do masculino: "... imprescindíveis ao cargo...").

40. D – "Ele vai à Bahia...": Cp.: "Vou à Bahia, volto da Bahia", "Mora na Bahia" (lembre-se: são os nomes de cidades que normalmente não admitem a crase; o outro nome de Estado brasileiro que admite a crase é "Paraíba").

COMENTÁRIO(S):

A. "Não vai a clubes...": não ocorre crase antes de palavras masculinas (antes delas, ocorre "a" + "o" = "aos");
B. "Não vá a pé...": idem;
C. "Estava disposto a falar": não ocorre crase antes de **verbos**, pois estes não admitem o **artigo definido** "a", segunda condição para a crase.

41. C – "... direito das meninas à educação...": crase no **complemento nominal** (teste do masculino: "... direito... ao ensino..." / "... começou a escrever...": não ocorre crase antes de **verbos**, pois estes não admitem o **artigo definido** "a", segunda condição para a crase (o "a" é simples **preposição**) / "... uniram-se a líderes mundiais...": não ocorre crase quando o "a" (**preposição**) está no singular, seguido de plural (simples **preposição**) / "... que elogiavam Malala devido à coragem...": crase no **complemento nominal** (teste do masculino: "... devido ao destemor...") / "... que a caracteriza...": não ocorre crase no **pronome oblíquo** (teste do masculino: "... que elogiavam o rapaz devido à coragem que o caracteriza").

42. B – "À medida que o tempo passava...": acento na **locução conjuntiva proporcional**, embora não ocorra a crase em si / "... ficava mais nervosa, à espera de uma intuição...": acento na **locução prepositiva**, formado por núcleo/palavra feminina; "... uma intuição que a levasse...": não ocorre crase no **pronome pessoal** (**oblíquo átono**) (teste do masculino: "... que o levasse...") / "... levasse a tomar...": não ocorre crase antes de **verbos**, pois estes não admitem o **artigo definido** "a", segunda condição para a crase / "... tomar a decisão acertada": mero **artigo definido** (teste do masculino: "... tomar o parecer acertado").

43. D – Frase II: "As eleições com grande incidência de votos nulos levaram a resultados discrepantes": no primeiro destaque, "as" é mero **artigo definido** (teste do masculino: "Os pleitos com grande..."); no segundo, mera **preposição** (não ocorre crase antes de palavras masculinas, pois, antes destas, ocorre "a" + "o" = "ao") / Frase IV: "Faz-se mister dar um fim a essa situação...": mera **preposição** (teste do masculino: "... dar um fim a esse quadro calamitoso...").

COMENTÁRIO(S):

I. "... passaram a frequentar...": não ocorre crase antes de **verbos**, pois estes repelem o **artigo definido** "a", segunda condição para a crase;

III. "... a contagem... deve ocorrer às claras": no primeiro destaque, trata-se de mero **artigo definido** (teste do masculino: "... o cômputo dos votos nulos..."); no segundo, embora não ocorra a crase em si, empregamos o acento na **locução/ adjunto adverbial (de modo)**.

44. A – "As frutas ficam, às vezes...": acento na **locução/ adjunto adverbial (de tempo)**, formada por núcleo/ palavra feminina, embora não ocorra de fato a crase em si.

COMENTÁRIO(S):

Nas demais alternativas, assim como no enunciado, ocorre **crase regencial** em função de/do:

B. **adjetivo**: "... vulnerável à ação...": **complemento nominal**;
C. **verbo**: "... devolvê-las à câmara fria": **objeto indireto**;
D. **substantivo abstrato**: "... apresentam resistência às novidades": **complemento nominal**;
E. **verbo**: "... se dedicam à técnica de refrigeração": **objeto indireto**.

45. C – "O estudante se dirigiu à diretoria...": crase no **adjunto adverbial (de lugar)** (teste do masculino: "... se dirigiu ao diretório...").

COMENTÁRIO(S):

A. "Isto não interessa a ninguém": não ocorre crase antes de palavras de sentido indeterminado (**artigo**, **pronomes indefinidos**), pois estas, naturalmente, não admitem o **artigo definido** "a", segunda condição para a crase;
B. "... comprar... a prazo": não ocorre crase antes de palavras masculinas (antes destas, ocorre "a" + "o" = "ao");
D. – "Essa é a instituição a que nos referimos": não ocorre crase antes de

pronomes relativos (tampouco dos **pronomes** em geral) (exceto de "qual(is)", a depender do **termo regente**) (teste do masculino: "Esse é o estabelecimento a que nos referimos").

46. E – "Em meio à burocracia oficial...": ocorre contração/ fusão ("a" + "a"), como se pode verificar na substituição pelo masculino: "Em meio ao burocratismo oficial, o rock...".

COMENTÁRIO(S):

C. Na verdade, muitas vezes o termo que se segue a um **substantivo abstrato** é um **complemento nominal**, que pode vir craseado;
D. O **artigo** (**vogal átona**) nunca recebe crase quando ocorre sozinho (lembre-se: ele é a segunda condição obrigatória para a ocorrência da crase).

47. C – "O texto refere-se às teses antropológicas...": crase no **objeto indireto** ("... refere-se a elas") teste do masculino: "... refere-se aos estudos antropológicos..." / "... cujos temas interessam a todos...": não ocorre crase antes de palavras masculinas (depois destas, ocorre "a" + "o" = "ao") / "... que se dispuserem a investigar...": não ocorre crase antes de **verbos**, pois estes não admitem o **artigo definido** "a", segunda condição para a crase.

COMENTÁRIO:

Note-se que se pode reescrever: "O texto refere-se a teses antropológicas...", sendo o **substantivo** "teses" tomado em sentido geral, não determinado (daí a não ocorrência da crase).

48. D – "... referiu-se às que estão acometidas...": isto é, referiu-se "a" (**preposição**) + "as" (= aquelas) (**pronome demonstrativo**), ou seja, "... referiu-se àquelas que estão...".

COMENTÁRIO(S):

A. "... concedeu entrevista às autoridades...": "conceder", **verbo transitivo direto e indireto**, rege a **preposição** "a"; o **substantivo** "autoridade" admite o **artigo definido** "a(s)", segunda condição para a crase (teste do masculino: "... concedeu entrevista aos superiores...");
B. "... o Ministro se restringiu às disciplinas...": **verbo transitivo indireto**, "restringir-se" rege a **preposição** "a"; o **substantivo** "disciplina" admite antes de si o **artigo definido** "as" (teste do masculino: "... restringiu-se aos assuntos...");
C. "Os candidatos aspiram à aprovação...": no sentido de "desejar, ter como objetivo", "aspirar" é um **verbo transitivo indireto**, regendo a **preposição** "a"; o **substantivo** "aprovação" admite antes de si o **artigo definido** "a" (teste do masculino: "... aspiravam ao sucesso...");
E. "... visando à gratuidade do ensino": no mesmo sentido que "aspirar" (acima), "visar" é **verbo transitivo indireto** e rege a **preposição** "a"; o **substantivo** "gratuidade" admite o **artigo definido** "a" (teste do masculino: "... visando ao ensino gratuito").

49. B – "Demos àquele funcionário...": isto é, "Demos a aquele funcionário o livro..." (crase eufônica diante dos **demonstrativos** "aquilo", "aquele" [e variações], quando o **termo antecedente** rege a **preposição** "a").

COMENTÁRIO(S):

A. "Comprei o celular a duras penas": não ocorre crase quando o "a" (simples **preposição**) está no singular, e o termo seguinte, no plural;
C. "Face a face, ele despediu...": não ocorre crase entre palavras repetidas (nestes casos, o "a" é mera **preposição**);
D. "Releia a S. Exa...": não ocorre crase antes de **pronomes de tratamento**, pois estes são neutros quanto ao gênero, não admitindo o **artigo definido**, segunda condição para a crase;

E. "O diretor se referiu a ela...": não ocorre crase antes de **pronomes pessoais** (teste do masculino: "... se referiu a ele...").

50. A – "Afeito à solidão...": crase no **complemento nominal** (teste do masculino: "Afeito ao tédio...") / "... esquivava-se a comparecer...": não ocorre crase antes de **verbos**, pois estes não admitem o **artigo definido** "a", segunda condição para a crase / "... comparecer a comemorações sociais": não ocorre crase quando o "a" (simples **preposição**) está no singular, seguido plural (ou, por outra: não ocorre crase diante de **substantivos**, no caso "comemorações", tomados em sentido geral, indeterminado) (mas: "... comparecer às comemorações...")

51. D – "A vontade daquele homem...": o "a" é simples **artigo definido** (teste do masculino: "O desejo daquele homem...") / "... era ir a Roma": nomes de cidades normalmente não admitem o **artigo definido** "a" (segunda condição para a crase; confira: "Vou a Roma, volto de Roma", "Moro em Roma") (mas: "Vou à Roma de meus antepassados"; determinação em destaque).

COMENTÁRIO(S):

A. "Caminhava passo à passo...": não ocorre crase antes de palavras masculinas (antes destas, ocorre "a" + "o" = "ao") / "... à procura de um lugar...": acento na **locução prepositiva** formada de núcleo/ palavra feminina, embora não ocorra a crase em si / "... onde pudesse estar à vontade": acento na **locução/ adjunto adverbial** (**de modo**), embora não ocorra a crase propriamente dita;
B. "Sempre me dirigia àquele lugar...": crase eufônica no "a" inicial do **demonstrativo** "aquele" (e variações) / "... pontualmente às dez horas": sempre ocorre crase na indicação de hora(s) (**locução/ adjunto adverbial de tempo**);
C. "Àquela hora ninguém estaria disposto...": crase eufônica no "a" inicial do **demonstrativo** "aquela" (e variações) (isto é, "Naquela hora ninguém...") / "... ninguém estaria disposto à fazer...": não ocorre crase antes de **verbos**, pois estes não admitem o **artigo definido** "a" (segunda condição para a crase);

E. "Não conte aquilo a ninguém": não ocorre crase antes de **palavras indefinidas** (**artigo**, **pronomes indefinidos**), pois não admitem o **artigo definido** "a" antes de si (segunda condição...).

52. B – "Ele se referia às candidatas...": crase no **objeto indireto** (teste do masculino: "Ele se referia aos candidatos...").

COMENTÁRIO(S):

A. "Chegou à uma hora...": acento é obrigatório na indicação de hora(s) (**locução/ adjunto adverbial de tempo**);
C. "... não se obedece à lei": na norma culta, "obedecer" é **verbo transitivo indireto**, portanto, ocorre crase no **objeto indireto** ("... não se obedece a ela") (teste do masculino: "... não se obedece ao código legal");
D. "... costumas andar a pé": não ocorre crase antes de palavras masculinas (antes destas, ocorre "a" + "o" = "ao");
E. "Agradeci à própria pessoa": "agradecer" é **verbo transitivo indireto**, portanto há crase no **objeto indireto** ("agradeci a ela", "agradeci-lhe") (teste do masculino: "Agradeci ao próprio indivíduo").

53. C – "... dispostos a estudar": não ocorre crase antes de **verbos**, pois estes não admitem o artigo definido "a", segunda condição para a crase.

COMENTÁRIO(S):

A. "Toda noite assisto a novelas": não ocorre crase quando o "a" (**preposição**") vem seguido de plural; ou, por outra, quando o **substantivo** é tomado em sentido indeterminado (teste do masculino: "Toda noite assisto a filmes...") (mas: "Toda noite assisto à novela das nove"; determinação);
B. "Chegamos à noite e saímos às pressas": acento na **locução/ adjunto adverbial** (**de tempo** e **modo**, respectivamente), embora não ocorra a crase em si;

D. "Pensou que ia à Bahia": compare: "Vou à Bahia, volto da Bahia", "Moro na Bahia";

E. "Não disse nada à mãe...": crase no **objeto indireto** ("não disse... a ela"; "não lhe disse") (teste do masculino: "Não disse nada ao pai...").

54. D – "Desde a última década...": mero **artigo definido**, pois, via de regra, não ocorre **preposição** depois de outra **preposição** (teste do masculino: "Desde o último decênio...") / "... atormentam-lhe a mente": mero **artigo definido** (**objeto direto**: "atormentam-na") (teste do masculino: "atormentaram-lhe o juízo") / "... habituados à lentidão do ritmo...": crase no **complemento nominal** (teste do masculino: "... habituados ao ritmo lento...").

COMENTÁRIO(S):

I – "Em relação à renda familiar...": compare: "Em relação ao ganho familiar..." / "... não é a melhor solução": mero **artigo definido** ("... não é o melhor resultado").

55. D – "Trouxe a mensagem": simples **artigo definido** ("trouxe-a...", **objeto direto**) (teste do masculino: "Trouxe o recado...") / "... a Vossa Senhoria": não ocorre crase antes de **pronomes de tratamento**, pois, sendo neutros quanto ao gênero, não admitem o **artigo definido** "a", segunda condição para a crase) / "... e aguardo a resposta": simples **artigo definido** ("... e aguardo-a", **objeto direto**) (teste do masculino: "... e aguardo o retorno") / "... a fim de levar...": não ocorre crase antes de palavras masculinas (antes destas, ocorre "a" + "o" = "ao") / "... de levar à pessoa que...": crase no **objeto indireto** (teste do masculino "... de levar ao indivíduo que...").

56. E – "Chegaram até à região... avançaram até à praia": não ocorre crase após **preposição**, à exceção de "até", caso em que o acento é facultativo.

COMENTÁRIO(S):

A. "... chegar a casa cedo": não ocorre crase diante da palavra "casa" quando esta, designando lar, não vem determinada (compare: "... chegar cedo à casa dos pais");

B. "... Prefira isto aquilo...": corrija-se para: "Prefira isto àquilo..." (isto é, "a aquilo"), "... ao se fazer o bem não se olha a quem": não ocorre crase diante de **pronomes** em geral, pois a maioria deles não admite o **artigo definido** "a", segunda condição para a crase;

C. "Já que pagaste aquelas dívidas...": sem o acento, pois se trata de **objeto direto** ("Já que as pagaste...") (teste do masculino: "Já que pagaste aqueles débitos...") / "... a que vens": não ocorre crase diante de **pronomes** em geral, pois a maioria não admite **artigo definido** antes de si (segunda condição...);

D. "... à uma hora da madrugada...": sempre empregamos o acento na indicação de hora(s) (**locução/ adjunto adverbial de tempo**) / "... é um perigo andar a pé": não ocorre crase antes de palavras masculinas (antes delas, ocorre "a" + "o" = "ao")

57. A – "As leis às quais devemos obedecer...": ocorre crase antes do **pronome relativo** "qual" (e também "quais"), a depender do **termo antecedente** (no caso, "obedecer", **verbo transitivo indireto**) (teste do masculino: "Os códigos legais aos quais devemos obedecer...").

COMENTÁRIO(S):

B. "Fizeram referência a alunas estudiosas...": não ocorre crase quando o "a" (**preposição**) está no singular e o termo seguinte vem no plural (ou, por outra, não ocorre crase quando o **substantivo** é tomado em sentido geral, indeterminado) (mas: "Fizeram referência às alunas estudiosas...");

C. "Fazendo referência às alunas estudiosas...": havendo o plural, houve determinação e, portanto, ocorre a crase (teste do masculino: "Fazendo referência aos alunos...");

D. "Deram-lhe o remédio gota a gota": não ocorre crase entre palavras repetidas (o "a", nestes casos, é mera **preposição**);
E. "Caminhavam às pressas...": acento na **locução/ adjunto adverbial** (**de modo**), embora não ocorra a crase em si.

58. A – "O exame... à primeira abordagem": acento na **locução/ adjunto adverbial** (**de tempo**), embora não ocorra a crase em si / "... leva à conclusão de que...": crase no **objeto indireto** ("leva a ela") (teste do masculino: "... leva ao raciocínio...") / "... a carga tributária continuará...": simples **artigo definido** (teste do masculino: "... o encargo tributário continuará...") / "... a incidir mais...": não ocorre crase antes de **verbos**, pois estes repelem o **artigo definido** "a", segunda condição para a crase.

59. B – "Toda manhã a esta hora...": não ocorre crase antes de **pronomes demonstrativos** (e dos **pronomes** em geral, pois estes normalmente não admitem o **artigo definido** "a" (segunda condição para a crase).

COMENTÁRIO(S):

A. "Os apelos à internacionalização...": crase no **complemento nominal** (o termo **antecedente** rege a **preposição** "a" e o **consequente** admite o **artigo definido** "a");
C. "Àquela hora da madrugada...": isto é, "A aquela hora...", o mesmo que "Naquela hora..." (fusão da **preposição** "a" + o "a" inicial do **pronome demonstrativo**, crase eufônica);
D. "As reivindicações... são semelhantes às da classe patronal": crase de "a" + **pronome demonstrativo** (isto é, "... são semelhantes àquelas da classe...") (teste do masculino.: "Os pedidos são semelhantes aos da classe...");
E. "... trouxeram pauta igual à que haviam divulgado": idem (teste do masculino: "... trouxeram pedido igual ao que haviam...").

60. E – "Assistiu à cena...": no sentido de "ver", "presenciar", "assistir" é **verbo transitivo indireto**, portanto crase no **objeto indireto** ("assistiu a ela") (teste do masculino: "Assistiu ao espetáculo..."). Note-se, entretanto, que, na língua falada espontânea, predomina o uso deste verbo como **transitivo direto**.

COMENTÁRIO(S):

A. "Não me refiro... senão a catástrofes...": não ocorre crase quando o "a" (**preposição**) vem no singular, seguido de plural (ou, por outra, não ocorre crase diante de **substantivos** tomados em sentido indeterminado);
B. "A que levam essas questões": não ocorre crase diante dos pronomes interrogativos, pois estes são neutros quanto ao gênero, não admitindo o artigo definido "a", segunda condição para a crase / "A conhecer a ira, a conhecê-la...": os dois primeiros "aa" destacados são, respectivamente, simples **preposição** (não ocorre crase antes de **verbos**, pois estes repelem o artigo definido "a", segunda condição...) e **artigo definido** (teste do masculino: "... A conhecer o ódio...") (o terceiro também é simples **preposição**);
C. "Não se atende a um mal menor...": não ocorre crase antes de palavras masculinas (antes destas, ocorre "a" + "o" = "ao");
D. "Daqui a duas horas...": não ocorre crase antes de numerais não determinados.

61. D – "Refiro-me àquilo que...": "a" + o "a" inicial do **pronome demonstrativo** "aquilo", crase eufônica (em vez de "Refiro-me a aquilo...") / "Chegamos à Argentina...": compare: "Vou à Argentina, "Volto da Argentina", "Moro na Argentina" / "... insensível a dor": não ocorre crase quando o **substantivo** é tomado em sentido indeterminado (teste do masculino: "... insensível a medo[s]...") / "Dedico minhas poesias à Rosânia": é facultativo o acento de crase antes de nomes próprios de pessoa (exceto vultos históricos e hagiográficos, diante dos quais não se supõe intimidade entre os interlocutores).

62. B – II. "Graças à sua formação...": é facultativa a crase antes de **pronomes possessivos**, pois, antes destes, pode ou não ocorrer o artigo definido (segunda condição para a crase) / "... ele está sempre mais predisposto ao perdão do que à justiça": crase no **complemento nominal** (comprova-a a ocorrência de "ao" antes de "perdão") / III. "Dedica-se... à família...": crase no **objeto indireto** (teste do masculino: "Dedica-se ao filho...") / "... [dedica-se] ao amanho da terra e às suas lavouras...": crase facultativa antes de **pronomes possessivos** (comprova-a a ocorrência de "ao" antes de "amanho") / IV. "Solicito a Vossa Exa. que...": não ocorre crase antes de **pronomes de tratamento**, pois estes são neutros quanto ao gênero, consequentemente não admitindo o **artigo definido** "a" (segunda condição...) / "... permita a esta funcionária...": não ocorre crase antes de **pronomes demonstrativos** em geral (teste do masculino: "... permita a este funcionário...") / "... apresentar-se à nova repartição": crase no **objeto indireto** ("apresentar-se a ela") (teste do masculino: "... apresentar-se ao novo departamento").

COMENTÁRIO(S):

I. "Sempre que ia a Rio Pardo...": não ocorre crase antes de palavras masculinas (antes destas, ocorre "a" + "o" = "ao") / "... costumava pedir a bênção...": simples **artigo definido** ("pedia-a", **objeto direto**) / "... costumava pedir a bênção à velha mãe": crase no **objeto indireto** ("pedir a ela/ pedir-lhe") (teste do masculino: "... pedir a bênção ao velho pai");

V. "Desejava, há muito, a nomeação...": simples **artigo definido** ("desejava-a", **objeto direto**) (teste do masculino: "Desejava o mandato...") / "... para o cargo a que tem direito...": não ocorre crase antes de **pronomes relativos** (exceto "qual[is]"), dependendo do termo regente.

VI. "... colocou helicópteros à disposição...": acento na **locução/ adjunto adverbial (de modo)**, embora não ocorra a crase em si / "... a fim de atender...": não ocorre crase antes de palavras masculinas (combinação "ao").

63. B – "Presidente sírio pede a ajuda...": simples **artigo definido** ("pede-a", **objeto direto**) (teste do masculino: "... pede o auxílio..."; a → o = a) / "... para vencer a corrupção" (idem: "vencê-la", **objeto direto**) (teste do masculino: "... para vencer o crime"; a → o = a).

COMENTÁRIO(S):

A. "Sindicalistas vão à Bolsa de Valores...": crase no **adjunto adverbial (de lugar)** (teste do masculino: "... vão ao pregão..."; a → ao = à);
C. "Poço leva... à maior jazida...": crase no **objeto indireto** ("leva a ela") (teste do masculino: "... leva ao maior filão/ veio..."; a → ao = à);
D. "... acusa palestinos de criar obstáculos à paz": crase no **complemento nominal** (teste do masculino: "... de criar obstáculos ao diálogo"; a → ao = à);
E. "Bush responde à acusação...": na norma culta, padrão, o **verbo** "responder" é **transitivo indireto**; portanto, crase no **objeto indireto** ("responde a ela") (teste do masculino: "... responde ao acusamento").

64. D – "... desculpas a V. Exa.": não ocorre crase antes de **pronomes de tratamento** (pois são neutros quanto ao gênero, não admitindo, portanto, o **artigo definido** "a", segunda condição para a crase) / "... voltou à escola animado": crase no **adjunto adverbial (de lugar)** (teste do masculino: "... voltou ao colégio..."; a → ao = à).

COMENTÁRIO(S):

A. "... andar a cavalo": não ocorre crase antes de palavras masculinas (antes destas, ocorre "a" + "o" = "ao") / "... de ponta a ponta": não ocorre crase entre palavras repetidas (neste caso, o "a" é simples **preposição**);
B. "... eu me refiro à minha": crase antes do **pronome possessivo** (neste caso, obrigatória, pois o **possessivo** vem desacompanhado de **substantivo**, que

está subentendido); "... quer as coisas a ferro e fogo": não ocorre crase antes de palavras masculinas (combinação "ao");

C. "Regresso à casa paterna...": em geral, não ocorre crase diante da palavra "casa", quando significa "lar", a menos que venha determinada (no caso, pelo **adjetivo/ adjunto adnominal** "paterna") / "... vai a Roma": simples **preposição** (Cp.: "Vou a Roma, volto de Roma", "Moro em Roma");

E. "Dirigiu-se a cada um...": não ocorre crase antes de **pronomes indefinidos**, pois estes não admitem o **artigo definido** "a", segunda condição para a crase / "Mandou flores a suas admiradoras": não ocorre crase quando o "a" (simples **preposição**) vem seguido de plural (havendo determinação, pode ocorrer o acento, facultativamente: "Mandou flores às suas admiradoras"). Lembrete: é um mito gramatical afirmar que, se o **possessivo** está no plural, o acento é obrigatório (compare: "Mandou flores a/ aos seus admiradores"), pois a ocorrência do **artigo** (segunda condição) continua sendo também facultativa.

65. C – "Fazes referência a criaturas...": não ocorre crase quando o "a" (simples **preposição**) vem seguido de plural (ou, por outra: não ocorre crase antes de **substantivos** tomados em sentido indeterminado). Note-se, entretanto, que, havendo determinação, o acento é de rigor: "Fazes referências às criaturas estranhas".

COMENTÁRIO(S):

A. "... irei a Roma": em geral, não ocorre crase antes de nomes de cidade, pois estes não admitem o **artigo definido**, segunda condição para a crase ("Vou a Roma, volto de Roma", "Moro em Roma");

B. "Refiro-me à Roma antiga...": no entanto, qualquer nome de cidade pode vir antecedido por "à" craseado, desde que haja determinação (no caso, pelo **adjetivo/ adjunto adnominal** "antiga");

D. "Fui à Lisboa de meus avós...": ocorreu a crase porque "Lisboa" está determinada por "de meus avós" ("Vou a Lisboa", volto de Lisboa", "Moro em Lisboa");

E. "... não agrada ir a Brasília": "Vou a Brasília, volto de Brasília", "Moro em Brasília" (compare-se, também: "Vou à moderna Brasília", com o acento, devido à determinação; "Volto da moderna Brasília"); "... pois a gasolina está...": simples **artigo definido** (teste do masculino. "... pois o combustível está...").

66. C – "Ficaram frente a frente...": não ocorre crase entre palavras repetidas (o "a", nestes casos, é simples **preposição**) / "... a se olharem...": não ocorre crase antes de **verbos**, pois estes não admitem o **artigo definido** "a", segunda condição para a crase / "... dizer uma à outra": em geral, não ocorre crase antes de **pronomes indefinidos**, a menos que admitam o **artigo** (teste do masculino: "... pensando no que dizer um ao outro"; a → ao = à).

67. E – 1. "Ouviu o apito de um trem igual àquele...": isto é, "... igual a aquele..." ("a" + **pronome demonstrativo**) / 2. "Habituara-se àquela boa vida de solteiro": idem ("... habituara-se a aquela...");
3. "... para fazer isso e não aquilo": sem acento, porque, neste exemplo, "aquilo" é **objeto direto**, da mesma forma que o termo coordenado "isso".

68. A – "Estou disposto a contar...": não ocorre crase antes de **verbos**, pois estes não admitem o artigo definido "a", segunda condição para a crase / "... contar tudo à senhora": crase no **objeto indireto** (teste do masculino: "... contar tudo ao senhor"; a → ao = à).

COMENTÁRIO(S):

B. "Compro à vista...": acento na **locução/ adjunto adverbial** (**de modo**), embora não ocorra a crase em si (confira: "Compro a prazo...");
C. "Digo adeus à ilusão": crase no **objeto indireto** ("Digo-lhe adeus"/ "Digo adeus a ela") (teste do masculino: "Digo adeus ao sonho"; a → ao = à);
D. "Dirigiu-se a ela...": não ocorre crase antes de **pronomes pessoais** (teste do

masculino: "Dirigiu-se a ele..."; a → a = a) / "... a passos lentos": não ocorre crase antes de palavras masculinas (antes destas, ocorre "a" + "o" = "ao");

E. "... coragem de sair à noite": acento na **locução/ adjunto adverbial** (**de tempo**), embora não ocorra a crase em si (compare: "... sair de dia").

69. D – "Todos, às vezes, precisam ficar bêbados...": acento na **locução/ adjunto adverbial** (**de tempo**), embora não ocorra a crase em si.

COMENTÁRIO(S):

A. "... visitas noturnas à nossa bem amada": via de regra, a crase é facultativa antes de **pronomes possessivos** (teste do masculino: "visitas a/ ao nosso bem amado");

B. "... convenientes à sua filha...": idem (teste do masculino: "convenientes a/ ao seu filho");

C. "... foi perguntar à Machona...": o acento é facultativo antes de nomes próprios (ou apelidos que o equivalham);

E. "... se adiantava até à beira da mata...": em geral, não ocorre crase após **preposição**, à exceção de "até", facultativamente.

70. E – 1. "... só era comparável à sua feiura": crase facultativa (diante de **pronome possessivo**) / 2. "Não pôde entregar-se às suas ilusões...": idem (teste do masculino: "... entregar-se a/ aos seus sonhos") / 3. "... deve recorrer à justiça": crase no **objeto indireto** ("recorrer a ela") (teste do masculino: "... deve recorrer ao tribunal"; a → ao = à).

71. A – "A noite estava clara...": o "a" é **simples artigo definido** ("a noite" é o **sujeito** da oração, não **adjunto adverbial de tempo** (teste do masculino: "O dia estava claro...") / "... e os namorados foram à praia...": crase no **adjunto adverbial** (**de lugar**) (teste do masculino: "... foram ao mar..."; a → ao = à) / "... a chegada dos pescadores que voltavam a terra": diante da palavra "terra", em oposição a "bordo", não ocorre crase.

72. A – "Dia a dia...": não ocorre crase entre palavras repetidas (o "a" é mera **preposição**).

COMENTÁRIO(S):

1. "À vista disso...": acento na **locução prepositiva** formada por núcleo/ palavra feminina ("à vista de" + "isso"), embora não ocorra a crase em si;
2. "Não fale tal coisa às outras...": crase no **objeto indireto** (teste do masculino: "Não fale... aos outros..."; as → aos + às);
4. "Não ligo àquilo que me disse": isto é, "Não ligo a aquilo..." (**preposição** "a" + **pronome demonstrativo**).

73. B – "... queimado até à/ a metade": não ocorre crase após **preposição** (a única exceção é "até", facultativamente).

COMENTÁRIO(S):

A. "... já àquela altura dos acontecimentos...": isto é, "... já a aquela..." (**preposição** "a" + **pronome demonstrativo**);
C. "... e a sua mão bateu em cheio...": simples **artigo definido** (teste do masculino: "... e o seu braço bateu..."; a → o = a);
D. "... Bibi chegou a temer...": não ocorre crase antes de **verbos**, pois estes não admitem o **artigo definido** "a", segunda condição para a crase;
E. "A seu lado o Padre Lara observava-o...": não ocorre crase antes de palavras masculinas (antes destas, ocorre "a" + "o" = "ao").

74. C – "Não sei a quem devo...": não ocorre crase antes de **pronomes interrogativos** (ou de **pronomes** em geral), pois estes são neutros quanto ao gênero, logo não admitem o **artigo definido** "a", segunda condição para a crase / "... dirigir-se à funcionária desta seção...": crase no **objeto indireto** ("dirigir-me a ela") (teste do masculino: "... dirigir-se ao funcionário..."; a → ao = à); "... ou à da seção de protocolo": fusão da **preposição** "a" com o **demonstrativo** "a" (teste do masculino: "... ou ao da seção..."; a → ao = à). Lembrete: "... se à funcionária desta seção, ou se à [aquela] da seção de protocolo".

75. C – "Maria pediu à psicóloga...": fusão, ou a crase propriamente dita (alternativa E) / "... que a ajudasse...": **pronome pessoal** (**oblíquo átono**) (isto é, "que ajudasse ela", coloquialmente) (alternativa B) / "... a resolver o problema": **preposição** (alternativa A) / "... que há muito [tempo]...": verbo "haver" (alternativa D) / "... há muito a afligia": **pronome pessoal** (isto é, "que há muito afligia ela", informalmente). Do exposto, concluímos que não ocorreu, em nenhuma das lacunas, o **artigo feminino** "a".

76. B – "... sobrevive até mesmo a uma ou outra mutilações...": não ocorre crase antes de palavras de sentido indefinido, tais como **artigo** ou **pronome indefinido**, pois estas, por questão de lógica, não admitem o **artigo definido** "a", segunda condição para a crase.

COMENTÁRIO(S):

A. "... não poupa elogios à higiene...": crase no **objeto indireto** (teste do masculino: "... não poupa elogios ao asseio..."; a → ao = à);
C. "... teria sucumbido à previsão...": idem ("sucumbido a ela") (teste do masculino: "... teria sucumbido ao antever..."; a → ao = à);
D. "... parece dizer às pessoas...": ibidem ("dizer a elas"/ "dizer-lhes") (teste do masculino: "... parece dizer aos moradores da cidade..."; as → aos = às);
E. "... esplendiam à luz da manhã": crase no **adjunto adverbial** (**de tempo**) (teste do masculino: "... esplendiam ao brilho..."; a → ao = à).

77. B – No contexto, o **verbo** "apresentar" requer dois **complementos** diferentes, um **objeto direto** e um **indireto**; quer-se dizer: "Apresentei a namorada a ele" (isto é, "Apresentei-lhe"), em que "lhe" cumpre a função de **objeto indireto**; portanto, "a namorada", por sua vez, cumprirá a função de **objeto direto**, que nunca vem craseado (= "Apresentei-a a ele") ou, menos comumente, "Apresenteilha" (com a contração simultânea de "lhe" + "a"). Como está, a frase original é agramatical porque dá dois **objetos indiretos** a um mesmo **verbo**.

78. B – "Fui à Lapa...": compare: "Vou à Lapa, volto da Lapa", "Moro na Lapa".

COMENTÁRIO(S):

A maioria dos nomes de cidades não admite o **artigo definido**, segunda condição para a crase; note-se, porém, que, havendo determinação, qualquer nome de cidade pode vir antecedido de "à" craseado. Em todas as demais alternativas, cabe o teste que fizemos acima. Simplificadamente: "Vou a Roma", "Volto de Roma", "... a Paris", "... de Paris", "... a Londres", "... de Londres", "... a Niterói", "... de Niterói".

79. E – "Daqui a pouco...": não ocorre crase na indicação de tempo futuro (mera **preposição**) / "Comparecerei à cerimônia...": crase no **adjunto adverbial** (teste do masculino: "Comparecerei ao cerimonial..."; a → ao = à) / "Não pretendo ir à faculdade...": idem (teste do masculino: "... ir ao colégio..."; a → ao = à) / "... prometo assistir a todas as aulas...": não ocorre crase antes de **pronomes indefinidos**, pois estes, logicamente, não admitem o **artigo definido** "a", segunda condição para a crase (teste do masculino: "... assistir a todos os debates..."; a → a = a).

COMENTÁRIO(S):

No último exemplo, temos o verbo "ir", que, na língua culta, constrói-se com "a" ("ir a algum lugar", e não "em algum lugar") (vai-se a algum lugar em um veículo).

80. A – "... se aplica a mulheres...": não ocorre crase diante de **substantivos** tomados em sentido indeterminado (ou, por outra, não ocorre crase quando a

preposição "a", no singular, vem seguida de plural) (teste do masculino: "... se aplica a homens..."; a → a = a) (note-se, ainda: "Tal lei se aplica às mulheres de índole duvidosa").

COMENTÁRIO(S):

B. As novelas, às quais assisti...": em geral, não ocorre crase antes de **pronomes relativos**, com exceção de "qual(is)" (teste do masculino: "Os filmes, aos quais assisti..."; as → aos = às);
C. "Entregou as chaves (...) àquele senhor...": crase da **preposição** "a" + **demonstrativo** (isto é, "Entregou... a aquele senhor...") (crase eufônica);
D. "... disse... que estava à procura dos foragidos": acento na **locução prepositiva** formada por núcleo/ palavra feminina;
E. "O bom atendimento às pessoas pobres...": crase no **complemento nominal** (teste do masculino: "O bom atendimento aos pobres..."; as → aos = às).

81. C – "... poderia levar-nos à mesma posição": não ocorre crase diante da maioria dos **pronomes**, exceto daqueles que admitem o **artigo** (teste do masculino: "... levar-nos ao mesmo posicionamento"; a → ao = à).

COMENTÁRIO(S):

A. "... levar-nos a certa posição": não ocorre crase antes de **pronomes indefinidos**, pois estes, por razão óbvia, não admitem o **artigo definido** "a" antes de si (segunda condição para a crase) (teste do masculino: "... levar-nos a certo posicionamento"; a → a = a);
B. "... levar-nos a alguma posição": idem (teste do masculino: "... levar-nos a algum posicionamento"; a → a = a);
D. "... levar-nos a qualquer posição": ibidem;
E. "... levar-nos a posições distintas": não ocorre crase quando a **preposição** "a"

vem seguida de plural (ou, por outra: não ocorre crase antes de **substantivos** tomados em sentido geral, indeterminado).

82. D – "Permaneceram reunidos à noite...": acento na **locução/ adjunto adverbial** (**de tempo**), embora não ocorra a crase em si / "... face a face": não ocorre crase entre palavras repetidas (nestes casos, o "a" é simples **preposição**); "... a conversar": não ocorre crase antes de **verbos**, pois estes não admitem o **artigo definido** "a", segunda condição para a crase.

COMENTÁRIO(S):

I. "... vai voltar a pé ou a cavalo": não ocorre crase antes de palavras masculinas (antes destas, ocorre "a" + "o" = "ao");
II. "Pedimos a V. Excelência...": não ocorre crase antes de **pronomes de tratamento**, pois estes são neutros quanto ao gênero, não admitindo o **artigo definido** "a" (segunda condição para a crase) / "... que não o elegeu à toa": acento na **locução/ adjunto adverbial** (**de modo**), embora não ocorra a crase em si;
III. "... dirigiu-se a ela...": não ocorre crase antes de **pronomes pessoais** (ou de **pronomes em geral**) (teste do masculino: "... dirigiu-se a ele..."; a → a = a) / "... ensinou-lhe a copiar...": não ocorre crase antes de **verbos**, pois estes não admitem o **artigo definido** "a" (segunda condição...).

83. E – "... inicia uma reforma... às pressas": acento na **locução/ adjunto adverbial** (**de modo**), embora não ocorra a crase em si / "A partir de 18...": não ocorre crase antes de **verbos**, pois estes não admitem o **artigo definido** "a", segunda condição para a crase / "... deve-se provar àqueles...": isto é, "... provar a aqueles..." ("a" + **pronome demonstrativo**), crase eufônica / "... exceção feita às [empresas] de capital estrangeiro": crase no **objeto indireto** ("exceção feita a elas") (teste do masculino: ".. exceção feita aos negócios..."; as → aos = às).

84. C – "O fenômeno a que aludi...": não ocorre crase antes do **pronome relativo** "que", quer seu antecedente seja masculino ("fenômeno"), quer seja feminino (compare: "A ocorrência a que aludi..."); "... é visível à noite": acento na **locução/ adjunto adverbial** (**de tempo**), embora não ocorra a crase em si / "... e [visível] a olho nu": não ocorre crase antes de palavras masculinas (antes destas, ocorre "a" + "o" = "ao").

85. A – "... cara a cara": não ocorre crase entre palavras repetidas; nestes casos, o "a" é simples **preposição**.

COMENTÁRIO(S):

B. "... demos nossa contribuição à associação...": crase no **objeto indireto** ("demos-lhe/ demos a ela") (teste do masculino: "... demos nossa contribuição ao clube..."; a → ao = à);
C. "... À custa de sacrifício...": acento na **locução prepositiva** formada por núcleo/ palavra feminina, embora não ocorra a crase em si;
D. "Transmita àqueles jovens...": isto é, "Transmita a aqueles jovens..." ("a" + **pronome demonstrativo**), crase eufônica;
E. "Esta construção é igual à que meu primo...": crase no **complemento nominal** (teste do masculino: "Este prédio é igual ao que..."; a → ao = à). Lembrete: não está ocorrendo crase antes do **relativo** "que", mas sim do **demonstrativo** subentendido: "Esta construção é igual [aquela] que...".

86. A – No enunciado, a crase se dá no **complemento nominal**, o mesmo que ocorre em "... devido à chuva" (teste do masculino: "... devido ao temporal"; a → ao = à).

COMENTÁRIO(S):

B. "... entregaram o caso à Prefeitura": crase no **objeto indireto** (entregaram-lhe/ entregaram a ela) (teste do masculino: "... entregaram... ao prefeito");

C. "... secavam à medida que...": acento na **locução conjuntiva proporcional**, embora não ocorra a crase em si;

D. "... serviram comida à população carente": acento no **objeto indireto** ("serviram-lhe"/ "serviram a ela") (teste do masculino: "... serviram comida ao povo..."; a → ao = à);

E. E – "... saíram às escondidas": acento na **locução/ adjunto adverbial** (**de modo**), embora não ocorra a crase em si.

87. B – "... uma promessa a Nossa Senhora": não ocorre crase antes de nomes hagiográficos. Lembrete: "Nossa Senhora" forma um todo, portanto não cabe a questão da crase facultativa antes de **pronome possessivo**.

COMENTÁRIO(S):

A. "... dirigiu-se à sala": crase no **adjunto adverbial** (**de lugar**) (teste do masculino: "... dirigiu-se ao salão"; a → ao = à);

C. "Refiro-me àquilo que vi": isto é, "... a aquilo" ("a" + **pronome demonstrativo**), crase eufônica;

D. "... fugiu às pressas": acento na **locução**/ no **adjunto adverbial** (**de modo**), embora não ocorra a crase em si.

88. E – "Deve-se à luta...": crase no **objeto indireto** ("deve-se a ela") (teste do masculino: "Deve-se ao empenho das feministas..."; a → ao = à) / "... o respeito aos direitos que cabem também às outras parcelas...": idem ("cabem-lhes/ cabem a elas") (teste do masculino: "... cabem também aos outros bocados de injustiçados..."; as → aos = às) / "... que integram a nossa sociedade": simples **artigo definido** ("... que a integram", **objeto direto**) (teste do masculino: "... que integram o nosso povo"; a → o = a).

COMENTÁRIO(S):

A. "Não se impute a uma mulher...": não ocorre crase antes de palavras indefinidas (**artigo**, **pronomes indefinidos**, pois estes, logicamente, não admitem o **artigo definido** "a" (teste do masculino: "Não se impute a um homem..."; a → a = a) / "... a culpa de não ter lutado (...)": simples **artigo definido** (teste do masculino: "... o fardo de não ter lutado"; a → o = a) / ".... todas as pressões sociais...": idem (teste do masculino: "... todos os encargos sociais..."; as → os = as) / "... sempre a conduziram": não ocorre crase antes de **verbos**, pois estes não admitem o **artigo definido**, segunda condição para a crase (teste do masculino: "... sempre o conduziram..."; a → o = a) / "... àquela "virtuosa" resignação": isto é, "... conduziram a aquela..." ("a" + **pronome demonstrativo**), crase eufônica;

B. "Encontra-se à disposição dos interessados...": acento na **locução prepositiva**, formada por núcleo/ palavra feminina, embora não ocorra a crase em si / "... a nova edição do Código Civil...": **simples artigo definido** (teste do masculino: "... o novo texto do Código Civil"; a → o = a) / "... à qual, aliás, já se fizeram objeções...": crase no **complemento nominal** (teste do masculino: "... o novo texto..., ao qual, aliás, já se fizeram objeções..."; a → ao = à) / "(...) a torto e a direito": não ocorre crase antes de palavras masculinas (antes destas, ocorre "a" + "o" = "ao");

C. "À vista do que dispõe o novo código...": crase na **locução prepositiva**, formada por núcleo/ palavra feminina / "... não caberá a ninguém": não ocorre crase antes de **pronomes indefinidos**, pois estes, por questão de lógica, não admitem o **artigo definido** "a", segunda condição para a crase / "... a condição "natural" de cabeça de casal...": simples **artigo definido** (teste do masculino: "... o estado 'natural'..."; a → o = a) / "...a qual, até então, se reservava para o homem": idem (teste do masculino: "o estado 'natural' de cabeça de casal, o qual, até então, se reservava..."; a → o = a);

D. "Pode ser que a curto prazo...": não ocorre crase antes de palavras masculinas (combinação "ao") / "... a exemplo do que ocorreu...": idem.

89. D – "... instituirá um sistema de incentivo (1) à redução dos acidentes...": crase no **complemento nominal** (teste do masculino: "... de incentivo ao controle..."; a → ao = à) / "... e de punição das empresas que submetem seus trabalhadores (2) a risco": não ocorre crase antes de palavras masculinas (antes destas, ocorre "a" + "o" = "ao") / "(3) a intenção é reduzir...": simples **artigo definido** (teste do masculino: "o intuito é reduzir..."; a → o = a) / "(4) ... ou dobrar as alíquotas de contribuição...": idem ("dobrá-las", **objeto direto**) (teste do masculino: "... ou dobrar os percentuais..."; as → os + as) / "Uma empresa... pode vir (5) a pagar menos": não ocorre crase antes de **verbos**, pois estes não admitem o **artigo definido** "a", segunda condição para a crase / "... O contrário acontecerá (6) à empresa que tiver registrado...": crase no **objeto indireto** ("acontecerá a ela") (teste do masculino: "... acontecerá ao estabelecimento empresarial..."; a → ao = à) / "Ela poderá ter (7) a alíquota duplicada": simples **artigo definido** (teste do masculino: "... ter o percentual duplicado"; a → o = a).

90. E – "Joana foi à bela Campinas...": em geral, não ocorre crase diante de nomes de cidades, a menos que venham determinados (no caso, pelo **adjetivo** "bela") (compare: "... voltou da bela Campinas") / "... dirigiu-se à referida pensão...": crase no adjunto adverbial (de lugar) (teste do masculino: "... dirigiu-se ao referido hotel..."; a → ao = à) / "... e aí, pondo-se à vontade": acento na **locução/ adjunto adverbial** (**de modo**), embora não ocorra a crase em si / "... solicitou às criadas...": crase no **objeto indireto** ("solicitou-lhes"/ "solicitou a elas") (teste do masculino: "... solicitou aos criados..."; as → aos = às) / "... um prato à [moda] portuguesa": ocorre crase onde se subentende a palavra "moda" (teste do masculino: "... um prato ao estilo português"; a → ao = à).

91. B – "... ardia mais manso à medida que...": isto é, "... mais manso à proporção/ ao passo que" (**locução conjuntiva proporcional**). As **conjunções proporcionais** pertencem à classe das **subordinativas adverbiais**. Como já vimos, mas convém relembrar, só existem duas **locuções proporcionais craseadas**: "à media que" e "à proporção que" (embora não ocorra a crase em si).

COMENTÁRIO(S):

Não existe ideia de proporcionalidade nas demais alternativas.

92. A – "Vou à Bahia dos meus sonhos": como o topônimo "Bahia" admite o **artigo definido** "a" ("Moro na Bahia", e o termo antecedente rege a **preposição** "a" ("ir a"), cabe a crase, independentemente da determinação destacada ("Vou à Bahia, volto da Bahia" → "Vou a, volto da, crase há; vou a, volto de, crase pra quê?").

COMENTÁRIO(S):

B. "Nosso expediente é de segunda a sexta": na correlação "de... a" não ocorre crase (compare: "... é da segunda à sexta");
C. "Pretendo viajar à Paraíba": "Vou à Paraíba, volto da Paraíba" "Vou a, volto da, crase há; vou a, volto de, crase pra quê?").
D. "... gosta de bife a cavalo": não ocorre crase antes de palavras masculinas (antes destas, ocorre "a" + "o" = "ao"); além disso, não se subentende a palavra "moda" antes de "cavalo", pois eles não ditam moda em matéria de preparo de bifes (aparentemente, preferem capim a carne);
E. "... tem dinheiro a valer": não ocorre crase antes de **verbos**, pois estes não admitem o **artigo definido** "a", segunda condição para a crase.

93. E – "A parcela... que ascendeu à classe média": crase no **objeto indireto** ("ascendeu a ela") (teste do masculino: "... que ascendeu ao proletariado"; a → ao = à) / "... passou a consumir mais": não ocorre crase antes de **verbos**, pois estes não admitem o **artigo definido** "a", segunda condição para a crase / "... a um ritmo mais acelerado...": não ocorre crase antes de palavras masculinas (antes destas, ocorre "a" + "o" = "ao") / "... pôs em risco a sustentabilidade do planeta": simples **artigo definido** (teste do masculino: "... pôs em risco o equilíbrio do planeta"; a → o = a).

94. C – "[A gente se acostuma] à vida sem prazer": crase no **objeto indireto** ("se acostuma a ela") (teste do masculino: "... se acostuma ao convívio..."; a → ao = à).

COMENTÁRIO(S):

A. A ver injustiças": não ocorre crase antes de **verbos**, pois estes não admitem o **artigo definido** "a", segunda condição para a crase;
B. "A alguma forma...": não ocorre crase antes de palavras indefinidas (**artigo**, **pronomes indefinidos**), pois estas, logicamente, não admitem o **artigo definido** "a" (segunda condição...) (teste do masculino: "... se acostuma a algum jeito..."; a → a = a);
D. "A todas as mazelas do mundo...": idem (teste do masculino: "... a todos os males..."; a → a = a);
E. "A essa correria...": não ocorre crase antes de **pronomes demonstrativos** (e dos **pronomes** em geral, exceto alguns poucos que admitem o **artigo definido**) (teste do masculino: "... não se acostuma a esse ritmo corrido..."; a → a = a).

95. B – "... fazia alusão a palavras...": não ocorre crase quando o **substantivo** é tomado em sentido indeterminado (ou, por outra, quando o "a" → preposição → vem seguido de plural) (teste do masculino: "... fazia alusão a vocábulos..."; a → a = a).

COMENTÁRIO(S):

A. "... se reportou àquele texto": isto é, "a" (**preposição**) + **pronome demonstrativo**, em vez de "... se reportou a aquele" (crase eufônica);
C. "... viajar à terra de Gonçalves Dias": não ocorre crase diante da palavra "terra" apenas quando oposta a "bordo" (em outras acepções, como, no caso, "terra natal", o acento ocorre normalmente) (teste do masculino: "... viajar ao local de nascimento..."; a → ao = à);

D. "... compreenderam... à custa de muito empenho": acento na **locução prepositiva** formada por núcleo/ palavra feminina;
E. "Prefiro as poesias de Drummond às de Olavo": crase no **objeto indireto** (teste do masculino: "Prefiro os poemas de Drummond aos [poemas] de Olavo...").

96. E – "... deve atender às necessidades...": crase no **objeto indireto** ("atender a elas") (teste do masculino: "... deve atender aos carecimentos..."; as → aos = às).

COMENTÁRIO(S):

A. "... mostraram-se resistentes a mudanças": não ocorre crase quando o "a" (**preposição**) vem seguido de plural (ou, por outra, quando o **substantivo** é tomado em sentido indeterminado) (teste do masculino: "... resistentes a câmbios; a → a = a) " (mas: "... resistentes às mudanças");
B. "... tempo maior a fim de...": não ocorre crase diante de palavras masculinas (diante destas, ocorre "a" + "o" = "ao");
C. "... menos chance a quem...": não ocorre crase antes de **pronomes relativos** (e dos **pronomes** em geral), exceto de "qual(is"), dependendo do antecedente.
D. "... está atento a todas...": não ocorre crase quando o "a" (**preposição**) vem seguido de plural (outra possível justificativa: não ocorre crase antes de **pronomes indefinidos**, pois estes, logicamente, não admitem o **artigo definido** "a", segunda condição para a crase).

97. E – "... restringe-se à presença...": crase no **objeto indireto** ("restringe-se a ela") (teste do masculino: "... restringe-se ao comparecimento..."; a → ao = à).

COMENTÁRIO(S):

A. "... restringe-se a limites...": não ocorre crase antes de palavras masculinas (antes destas, ocorre "a" + "o" = "ao");

B. "... restringe-se a medir...": não ocorre crase antes de **verbos**, pois estes não admitem o **artigo definido** "a", segunda condição para a crase;
C. "... restringe-se a Brasília": o topônimo não admite o **artigo definido** "a" (segunda condição...), como se vê em "Moro em Brasília", "Brasília é uma cidade moderna";
D. "... restringe-se a horários...": não ocorre crase antes de palavras masculinas (ocorre "ao").

98. B – "... foi levada à exposição...": crase no **adjunto adverbial** (**de lugar**) (compare: "... foi levada para a exposição...") (teste do masculino: "... foi levada ao museu..."; a → ao = à).

COMENTÁRIO(S):

1. A – "A personagem criticou a qualidade...": trata-se de mero **artigo definido** (**objeto direto**: "criticou-a") (teste do masculino: "... criticou o estado da pintura..."; a → o = a);
2. C – "... foi dirigida a esta pintura": não ocorre crase antes de **pronomes demonstrativos** (e dos **pronomes** em geral, exceto de alguns poucos que admitem **artigo definido**) (teste do masculino: "A crítica foi dirigida a este quadro..."; a → a = a);
3. D – "... pertence a um artista...": não ocorre crase antes de palavras masculinas (antes destas, ocorre "a" + "o" = "ao"; note-se que, no feminino, igualmente não ocorreria crase, pois "uma" é **artigo indefinido** ("... pertence a uma artista...");
4. E – "... foram favoráveis a algumas pinturas": não ocorre crase quando o "a" (**preposição**) vem seguido de plural (ou, ainda, porque "alguma" é **pronome indefinido**) (teste do masculino: "... favoráveis a alguns quadros..."; a → a = a).

99. D – "... o reconhecimento permite àquele que trabalha...": o **verbo** "permitir" (no contexto) rege a **preposição** "a" ("... permitir a aquele..."); a crase é eufônica.

COMENTÁRIO(S):

B/C e E – As únicas justificativas para a crase têm relação com a fusão da **preposição** "a", requerida pelo **termo regente**, com o **artigo definido** "a", admitido pelo **termo regido** (ou fusão da **preposição** "a" com o "a" inicial dos **demonstrativos** "aquilo", "aquele" [e variações]). Nas **locuções** (**adverbiais**, **prepositivas** e **conjuntivas**), o acento raramente indica crase. Outros fatores, como os apontados nas referidas alternativas, não interferem no emprego do acento grave/ crase.

100. C – "... saíram às compras...": compare: "... saíram para as compras" / "... os acidentes relacionam-se às grandes taxas de imperícia...": crase no **objeto indireto** ("relacionam-se a elas") (teste do masculino: "... relacionam-se aos grandes índices de imperícia..."; as → aos = às) / "... servidos em copos devido à não devolução...": crase no **complemento nominal** (teste do masculino: "... devido ao não retorno"; a → ao = à).

COMENTÁRIO(S):

2. "... ir a Pernambuco": palavra masculina ("Vou a Pernambuco, volto de Pernambuco", "Moro em Pernambuco") (relembrando: só há dois nomes de Estados brasileiros diante dos quais ocorre crase: Bahia e Paraíba);
3. "... impeliram os responsáveis a exceções no tratamento...": não ocorre crase quando o "a" (**preposição**) vem seguido de plural (ou, por outra, quando o **substantivo** é tomado em sentido indeterminado) (teste do masculino: "... impeliram os responsáveis a privilégios...", a → a = a).

Anexo 3 - Questões de Concursos Públicos (de 2025 a 2019)

A seguir, elencamos questões dos últimos seis anos (2019 a 2025), para que o leitor possa verificar quais as tendências relativas à crase nos concursos mais atuais.

1. (OBJETIVA/2025) Há ERRO relativo ao acento grave, por falta ou emprego indevido, em:

A) Ficou frente a frente com seu maior medo.
B) Chegou à Curitiba muito cansado.
C) Vou até a feira depois do trabalho.
D) Ele há de obedecer a Joana.

2. (LEGATUS/2025) "[...] *Quando cheguei à segunda, precisei pegar todos aqueles contatos que tornam a vida de um ser humano possível.*". O sinal indicador da crase foi usado seguindo essa mesma regra desse excerto em:

A) O homem aspira sempre à exponencial visibilidade.
B) À revelia, pessoas enviam nomes de Instagram aos amigos.
C) A sociedade tem obediência às leis da internet.
D) É necessário valorização à vida mais simples.
E) Às civilizações globalizadas, todos os seres humanos querem ir.

3. (MPE-GO/2025) Identifique a alternativa que apresenta o correto uso da crase:

A) O Ministério Público do Estado de Goiás requer seja o denunciado(a) condenado(a) ao cumprimento da pena prevista em lei e à reparação de eventuais prejuízos materiais e morais sofridos pelo(a) ofendido(a), na forma do artigo 387, inciso IV, do Código de Processo Penal;

B) Em relação ao crime de injúria mencionado nos autos, o Ministério Público requer que se aguarde em cartório o decurso do prazo decadencial de seis meses para que às vítimas ofertem queixa-crime;

C) Foram deferidas às medidas protetivas em favor da vítima;

D) Ao final, se requer à oitiva das vítimas e testemunhas arroladas na denúncia.

4. (CEP-/UFPA/2025) No trecho: "Já a desinformação, de acordo com o professor, trata-se de um ambiente comunicacional hostil à informação.", o uso do acento grave é obrigatório, assim como em

A) (...) a aluna foi autorizada à sair mais cedo, devido a uma emergência.

B) (...) o professor fez referência à explicação dada pelo especialista.

C) (...) ele dedicou à vida ao estudo de grandes figuras públicas.

D) (...) a coordenadora viajou à Belém para participar de um encontro acadêmico.

E) (...) a palestra foi apresentada à várias instituições presentes no evento.

5. (MPE-GO/2025) Marque a opção em que o acento grave, indicativo da crase, foi empregado em desacordo com a norma culta:

A) Todavia, àqueles que não buscam nenhuma medida para diminuir a criminalidade, como é o caso do Brasil hoje em dia, minhas críticas são ainda mais severas.

B) Existe a construção de uma linha argumentativa, limitada apenas à legislação constitucional.

C) Uma exceção à essa regra foi a criação dos Estados modernos que hoje conhecemos.

D) Assiste-se a uma tendência de exposição do espaço privado, bem como à privatização do espaço público.

6. (MS CONCURSOS/2024) Assinale a alternativa incorreta quanto ao uso da crase:

A) Devemos aliar a teoria à prática.
B) Plantou laranjeiras no pomar, às quais dedica enorme carinho.
C) D. Pedro I pertencia à Casa de Bragança.
D) Não gaste a vista: óculos à prazo.
E) É um pedido que imploro à senhora.

7. (FEPESE/2024) Assinale a alternativa em que a crase foi corretamente utilizada:

A) A palestra terá início às 17 horas.
B) O suor lhe corria gota à gota pela face.
C) Meu irmão não gosta de ir à pé para o trabalho.
D) Helena estava lá desde às 5:00 horas da manhã.
E) Todas as contas à prazo terão desconto este mês.

8. (CESGRANRIO/2024) (adaptada) O acento indicador de crase está empregado, de acordo com a norma-padrão da língua portuguesa, na palavra destacada em:
A) A bicicleta é a principal alternativa para <u>à</u> diminuição de poluentes (...)
B) A capacidade de deslocamento da população motiva-a <u>à</u> buscar o aprimoramento (...)
C) A redução de uso da gasolina (...) pode ocorrer com o incentivo <u>à</u> produção de carros elétricos.
D) As causas do aquecimento global podem ser amenizadas se houver a intervenção dos órgãos governamentais que garantam acessibilidade <u>à</u> pessoas vulneráveis.
E) O combate <u>à</u> mudanças climáticas requer grande investimento dos países (...)

9. (CONSULPLAN/2024) Assinale a alternativa cujo acento indicador de crase é facultativo.

A) O objetivo da nova lei se relaciona ao combate à violência escolar.
B) Todos que estavam à procura de emprego conseguiram o que pretendiam.
C) Durante todo o discurso, o palestrante fez alusão à nossa comunidade.
D) O reajuste passou a valer a partir do mês anterior àquele em que o comunicado foi feito.

10. (IBADE/2024) Assinale a alternativa em que o acento indicativo de crase é facultativo:

A) O banheiro fica à esquerda da sala principal.
B) O servidor saiu às pressas para não chegar atrasado.
C) O administrador chegou às sete horas da manhã.
D) O gerente entregou o prêmio à sua equipe.
E) O cliente ficou à vontade para fazer as perguntas.

11. (FGV/2024) (adaptada) "Mas também tem um ponto fraco: as bananeiras são geneticamente idênticas, clones umas das outras. Isso significa que uma doença poderia arrasar a produção mundial. Entenda o que ameaça a banana – e a corrida para tentar salvá-la."

Nas alternativas a seguir, há versões modificadas dos três períodos que compõem a passagem acima. A única modificação que acarreta erro quanto ao uso do acento grave é:

A) "(...) as bananeiras são geneticamente idênticas umas às outras."
B) "Isso leva à conclusão de que uma doença poderia arrasar à produção mundial."
C) "Isso significa que uma doença poderia causar prejuízos à produção mundial."
D) "(...) e o esforço para que se chegue à uma maneira de salvá-la."
E) "Entenda o que traz ameaças à banana – e a corrida para tentar salvá-la."

12. (CESGRANRIO/2024) (adaptada) O acento indicador de crase foi empregado de acordo com a norma-padrão em:

A) Os serviços prestados pela CAIXA estendem-se a setores destinados à habitação popular (...)
B) A expansão dos serviços (...) ocorre à uma velocidade impressionante (...)
C) As iniciativas da CAIXA (...) precisam se alinhar à regras específicas do mercado (...)
D) O apoio da CAIXA à projetos de saneamento básico contribui (...) para a qualidade de vida (...)
E) A CAIXA (...) está sempre atenta à legislações e diretrizes econômicas vigentes.

13. (FENAZ/2024) Assinale a opção em que o acento indicativo de crase foi devidamente utilizado:

A) O carioca fica frente à frente com a imundície.
B) É preciso obedecer às orientações da prefeitura.
C) À noite é muito mais fria nesta época do ano.
D) Eles se referem à todos os cariocas.
E) À partir desta semana, haverá modificações nas exigências.

14. (UFG/2024) No trecho "pronúncia e/ou grafia semelhante à de outra palavra", ocorreu o fenômeno da crase. O acento se justifica porque ocorreu um caso de:

A) ambiguidade
B) catáfora
C) polissemia
D) elipse

15. (CONSULPLAN-2024) "[...] tendem a desenvolver uma economia mais dinâmica e são mais democráticas". O termo "a" receberia o acento de crase se o termo:

A) "desenvolver" fosse omitido.
B) regido admitisse o artigo feminino "a".
C) regido fosse substituído por qualquer tipo de pronome.
D) regente fosse substituído por qualquer outra forma verbal.

16. (CONSULPLAN/2024) (adaptada) Em "A importância da educação e conscientização no combate à violência feminina", o acento indicativo de crase é:

A) facultativo, considerando que o termo regente pertence ao gênero masculino.
B) facultativo, já que o termo regente trata-se de uma expressão composta por um substantivo e um adjetivo.
C) obrigatório, reconhecendo-se a exigência da regência nominal estabelecida e o gênero do termo regido.
D) obrigatório, reconhecendo-se a exigência da regência verbal estabelecida e a classificação morfológica do termo regido.

17. (MARANATHA ASSESSORIA-2024) Assim como a expressão "dar à luz" se difere de "dar a luz", outras expressões apresentam significados diferentes quanto à presença ou ausência de crase. Qual das alternativas é ilustrativa dessa diferenciação semântica?

A) Sinto muito, mas tenho de pedir a/ à senhora que se afaste (...)
B) O menino, ansioso, bateu a/ à porta, com impaciência.
C) Agradeço a/ à minha avó por ter me ensinado a valorizar (...)
D) Por gentileza, ofereça a/ à Isabela um copo de suco (...)

18. (CONSULPLAN-2024) (adaptada) Em "Eu me levantei, fui à estante de livros e de lá retirei as 'Odes Elementales', de Pablo Neruda", o sinal indicativo de crase justifica-se pelo mesmo motivo de seu uso em:

A) Vou à floresta cortar o ipê (...)
B) Às vezes tenho a impressão de estar vendo a rosácea (...)
C) Veja o que Neruda disse de uma cebola igual àquela que lhe causou assombro (...)
D) (...) uma mulher decretou a morte de um ipê que florescia à frente de sua casa".

19. (UPENET-2024) Sobre a crase, analise os itens abaixo:

I. "Bom mesmo é ir à luta com determinação." / nesse caso, a crase é facultativa.
II. "... abraçar a vida com paixão." / inexiste a crase, por haver, apenas, a presença do artigo "a".
III. "... porque o mundo pertence a quem se atreve." / nesse caso, a crase é facultativa.
IV. "... e a vida é muito para ser insignificante." / inexiste a crase, por haver, apenas, a presença do artigo "a".

Está CORRETO apenas o que se afirma em:

A) I e III.
B) II.
C) III.
D) III e IV.
E) II e IV.

20. (INST. REFERÊNCIA/2023) Com relação ao uso do acento grave indicativo da crase, assinale a opção em DESACORDO com a norma-padrão.

A) À medida que o tempo passa, envelhecemos.
B) Ela se veste à moda antiga.
C) Gosto de beber café durante à noite.
D) Usa roupas à Antonio Banderas.

21. (UFRR/2023) Sobre o uso do acento indicativo de crase, a única opção em que há o uso CORRETO é:

A) A reunião foi marcada para às 12:00h.
B) O campus está localizado à 5 km do centro.
C) Ontem, ele precisou viajar à Recife.
D) Esta rodovia liga Minas Gerais à Bahia.
E) Para o jantar, prefiro carne à peixe.

22. (UFRR/2023) Observe a correta acentuação da crase em "lançar uma campanha que coloca um banco inteiro à disposição dos brasileiros é um privilégio". De maneira similar, o uso da crase está CORRETO em:

A) O funcionário está à disposição para trabalhar.
B) Eles mudaram à disposição dos equipamentos.
C) O motorista está à seu dispor para dirigir o carro.
D) O diretor precisa melhorar à disposição das salas.
E) Estou disposto à ajudar na resolução do problema.

23. (METROCAPITAL/2023) Assinale a alternativa que apresenta a sentença correta em relação ao emprego da crase.

A) Ela se referia à ambas as notícias.
B) A transportadora entregou a mercadoria ontem, as 11h.
C) Enviei uma carta a loja, espero que respondam à ela prontamente.
D) Não há motivos para toda àquela discussão.
E) Desejo sucesso àquela menina, tão esforçada.

24. (FAU/2023) Assinale a alternativa que apresente a justificativa adequada para o emprego da crase no período: "E muitos cientistas presumiram que tudo o que Theia deixou para trás na Terra se misturou à caldeira de fogo dentro do nosso planeta".

A) locução adverbial.
B) regência nominal.
C) locução conjuntiva.
D) regência verbal.
E) locução prepositiva.

25. (INSTITUTO MAIS/2022) Assinale a alternativa cuja frase emprega a crase de acordo com a norma-padrão da Língua Portuguesa.

A) A quantidade de pessoas que necessitam deste transplante interessa à toda produção suína.
B) O caso de Bennet pode ser um incentivo à realização de outros empreendimentos médicos.
C) A nova forma de cirurgia movimenta desde células à tecidos de outros animais.
D) O procedimento envolvendo animais levou algumas pessoas à suscitarem um debate.

26. (IASD/2022) A frase em que o sinal indicativo de crase está de acordo com a norma-padrão é:

A) Pedro já foi à Paris?
B) Ministro altera à regra do câmbio.
C) Você já foi à Bahia?
D) Ela trabalha de segunda à sexta, das 9h às 18h.
E) Quem tem boca vai à Roma.

27. (FUNDEP/2021) Assinale a alternativa que contém um trecho no qual há um equívoco no emprego do acento grave indicador de crase.

A) "[...] a educação a distância é tão eficiente quanto **à** ofertada numa sala de aula presencial."

B) "O papel de destaque da EaD no atual contexto traz novamente **à** tona uma discussão [...]

C) "[...] há ainda uma forte resistência por parte de determinados setores da sociedade em relação **à** qualidade e à validade de instituições que a oferecem".

D) "[...] estão mais sofisticados e contam com conteúdos e recursos que tornam a experiência do estudante completa, sem nada a dever **à**quela vivenciada nos moldes tradicionais."

28. (VUNESP-2019) Quanto à ocorrência do acento indicativo de crase, assinale a alternativa correta:

A) O jogo "Monster Ball" destina-se à jovens com boa coordenação motora.
B) O garoto estava acostumado à vários brinquedos com controle remoto.
C) O menino preferia um jogo de videogame à uma bola.
D) O pai endereçou à bola um olhar de saudade.
E) O menino girava a bola, como à procurar alguma coisa.

29. (VUNESP/2019) Graças ___ leitura de "A vida invisível de Eurídice Gusmão", romance de Martha Batalha, referente ___ angústias de duas irmãs na década de 1940, um homem de 42 anos, preso em São Paulo, decidiu reatar com a filha. O livro chegou ___ essa pessoa por meio do Programa Clubes de Leitura e Remição de Pena. (Mariana Vick. *Folha de São Paulo.* 26.06.2018. Adaptado)

De acordo com a norma-padrão, as lacunas do texto devem ser preenchidas, respectivamente, por:

A) a... as... a
B) a... às... à
C) à... às... a
D) à... as... à
E) à... às... à

30. (FUNRIO/2019) A crase em "O cirurgião Miguel Parra contou à Rádio Caracol..." foi empregada pela mesma regra que a seguinte alternativa:

A) Vamos à universidade depois do almoço.
B) Maria referiu-se àquele homem de terno cinza.
C) João se levantava às sete horas.
D) Adoro bife à milanesa.
E) A entrevista foi dada à Globo.

Respostas do Anexo 3 - Questões de Concursos Públicos (de 2025 a 2019)

1. B – Em geral, nomes de cidade não admitem **artigo definido**, daí falta a segunda condição para a crase (teste do "bizu": "Vou a Curitiba, volto de Curitiba": "Vou a, volto de, crase pra quê?").

COMENTÁRIO(S):

A) "... frente a frente...": não ocorre crase entre palavras repetidas (o "a" é mera **preposição**);
C) "Vou até à/a feira...": não ocorre crase depois de **preposição**, à exceção de "até", caso em que o acento é facultativo;
D) "... obedecer **a** Joana": a crase é facultativa diante de nomes próprios.

2. E – O **verbo** "chegar" é "complementado" por uma ideia circunstancial, do mesmo modo que "ir" ("... todos querem ir às civilizações..."; teste do masculino: "... ir aos mundos...").

COMENTÁRIO(S):

A – "... aspira à exponencial visibilidade": crase no **objeto indireto**;
B – "À revelia, pessoas...": acento na **locução adverbial** (**de modo**);
C – "... tem obediência às leis...": crase no **complemento nominal**;
D – "... valorização à vida...": **complemento nominal**.

3. A – "... que seja condenado(a) ao cumprimento... e à reparação...": crase no **complemento nominal** (a ocorrência de "ao", anteriormente, comprova a ocorrência do acento).

COMENTÁRIO(S):

B) "... para que as vítimas...": "as vítimas" é o **sujeito** da **oração** (o **sujeito** nunca vem introduzido por "a" craseado);
C) "Foram deferidas as medidas...": idem ("as medidas" é o **sujeito** da **oração**; comprova-o a inversão: "As medidas foram deferidas...");
D) "... se requer a oitiva das vítimas...": idem (compare: "A oitiva das vítimas é requerida...").

4. B – No enunciado, "à informação" é **complemento nominal** de "hostil", assim como "à explicação" é **complemento** do **nome** "referência" (teste do masculino: "... fez referência ao esclarecimento...).

COMENTÁRIO(S):

A) "... foi autorizada a sair...": não ocorre crase diante de verbos, pois estes não admitem o **artigo definido** "a";
C) "... ele dedicou a vida ao estudo...": não ocorre crase no "a" que introduz o **objeto direto** ("... dedicou-a ao estudo...");
D) "... viajou a Belém...": "Vou a Belém, volto de Belém", "Moro em Belém" (a maioria dos nomes de cidade repele o **artigo definido**);
E) "... foi apresentada a várias instituições...": não ocorre crase diante dos **pronomes indefinidos**, pois estes, naturalmente, repelem o **artigo definido** "a" (nem tampouco ocorre diante da maioria dos **pronomes**).

5. C) "Uma exceção a essa regra...": não ocorre crase diante dos pronomes em geral (exceto de alguns poucos que admitem o artigo definido) (teste do masculino: "Uma exceção a esse princípio...").

COMENTÁRIO(S):

A) "... minhas críticas são ainda mais severas àqueles que não buscam...": isto é, "mais severas a aqueles...", crase eufônica;
B) "... limitada apenas à legislação...": crase no complemento nominal (teste do masculino: "... limitada apenas ao regulamento...");
D) "... bem como (assiste-se) à privatização": crase no objeto indireto.

6. D) "... óculos a prazo": não ocorre crase antes de palavras masculinas (antes destas, ocorre "a" + "o" = "ao").

COMENTÁRIO(S):

A. "... aliar a teoria à prática": crase no **objeto indireto** ("aliar a ela") (teste do masculino: "... aliar a teoria ao cotidiano"; a → ao = à);
B. "Plantou laranjeiras..., às quais dedicava enorme carinho": idem ("dedicava-lhes/ dedicava a elas") (teste do masculino: "Plantou caquizeiros..., aos quais dedicava..."; as → aos = às);
C. "... pertencia à Casa de Bragança": em geral, não ocorre crase antes da palavra "casa", no sentido de "lar" (a menos que venha determinada); em outras acepções (no contexto, "dinastia"), emprega-se o acento, normalmente;
E. "... um pedido que imploro à senhora": normalmente, não ocorre crase antes de **pronomes de tratamento**, com exceção das formas de tratamento "senhora", "senhorita" e "dona" (teste do masculino: "... imploro ao senhor"; a → ao = à).

7. A – "... terá início às 17 horas": acento na **locução/ adjunto adverbial (de tempo)**, na indicação de hora(s), embora não ocorra a crase em si.

COMENTÁRIO(S):

B. "... lhe corria gota a gota...": não ocorre crase entre palavras repetidas (nestes casos, o "a" é mera **preposição**);
C. "... não gosta de ir a pé": não ocorre crase antes de palavras masculinas (antes destas, ocorre "a" + "o" = "ao");
D. "... estava lá desde as 5:00 horas...": não ocorre crase após **preposição** (com exceção de "até", facultativamente);
E. "... contas a prazo terão desconto...": não ocorre crase antes de palavras masculinas (combinação "ao").

8. C – "... com o incentivo à produção...": crase no **complemento nominal** (teste do masculino: "... com o incentivo ao fabrico/ invento...").

COMENTÁRIO(S):

A. "... alternativa para a diminuição...": não ocorre crase após **preposição** (com exceção de "até", facultativamente) (compare: "... alternativa à diminuição...", eliminando-se a preposição "para");
B. "... motiva-a a buscar...": não ocorre crase antes de **verbos**, pois estes não admitem o **artigo definido** "a", segunda condição para a crase;
D. "... garantem acessibilidade à pessoas...": não ocorre crase quando o "a" (**preposição**) está no singular, seguido de plural (ou, por outra: não ocorre crase diante de **substantivos** tomados em sentido indeterminado (mas: "... garantem acessibilidade às pessoas...") (teste do masculino: "... garantem acessibilidade a indivíduos..."; a → a = a)
E. "... o combate a mudanças climáticas...": idem (mas: "... o combate às mudanças...").

9. C – "... fez alusão à nossa comunidade": a crase é facultativa antes dos **pronomes possessivos**, exceto quando estes vêm desacompanhados de um **substantivo** ou quando integram uma **locução/ adjunto adverbial**.

COMENTÁRIO(S):

A. "... se relaciona ao combate à violência...": crase no **complemento nominal** (teste do masculino: "... no combate ao crime...");
B. "... que estavam à procura de emprego...": acento na **locução prepositiva** formada por núcleo/ palavra feminina, embora não ocorra a crase em si;
D. "... passou a valer a partir do mês anterior àquele...": isto é, "... anterior a àquele" ("a" + **pronome demonstrativo**).

10. D – "... entregou o prêmio à/ a sua equipe": a crase é facultativa antes dos **pronomes possessivos**, exceto quando estes vêm desacompanhados de um **substantivo** ou quando encabeçam uma **locução/ adjunto adverbial**.

COMENTÁRIO(S):

A. "... fica à esquerda...": acento na **locução/ adjunto adverbial** (**de lugar**), formada por núcleo/ palavra feminina, embora não ocorra a crase em si;
B. "O servidor saiu às pressas...": idem (**locução/ adjunto adverbial de modo**);
C. "... chegou às sete horas": ibidem (**locução/ adjunto adverbial de tempo**), na indicação de hora(s);
E. "O cliente ficou à vontade...": ibidem (**locução/ adjunto adverbial de modo**).

11. D – "... para que se chegue a uma maneira...": não ocorre crase antes de palavras de sentido indefinido (**artigo** ou **pronomes indefinidos**), pois estas, logicamente, não admitem o **artigo definido** "a", segunda condição para a crase (teste do masculino: "... para que se chegue a um modo..."; a → a = a).

COMENTÁRIO(S):

A. "... as bananeiras são geneticamente idênticas umas às outras": em geral, não ocorre crase antes de **pronomes indefinidos**, mas "outra" admite o **artigo** (teste do masculino: "... os bananais são... idênticos uns aos outros"; as → aos = às);

B. "Isso leva à conclusão de que uma doença...": crase no **objeto indireto** ("leva a ela") (teste do masculino: "... isso leva ao conhecimento de que..."; a → ao = à);

C. "... poderia causar prejuízos à produção...": idem ("causar prejuízos a ela", "causar-lhe prejuízos") (teste do masculino: "... prejuízos ao fabrico..."; a → ao = à);

E. "Entenda o que traz ameaças à banana": ibidem ("traz-lhe ameaça"/ "traz ameaça a ela") (teste do masculino: "... traz ameaça ao fruto"; a → ao = à).

12. A – "... estendem-se a setores destinados à habitação...": crase no **complemento nominal** (teste do masculino: "... setores destinados ao lar..."; a → ao = à).

COMENTÁRIO(S):

B. "A expansão... ocorre a uma velocidade...": não ocorre crase antes de palavras de sentido indefinido (**artigos** ou **pronomes indefinidos**), pois estas, por questão de lógica, não admitem o **artigo definido** "a" (teste do masculino: "... ocorre a um ritmo..."; a → a = a);

C. "As iniciativas... precisam se alinhar a regras...": quando o "a" (**preposição**) vem no singular, seguido de plural, não ocorre crase (ou, por outra: não ocorre crase diante de **substantivos** empregados em sentido indeterminado) (teste do masculino: "... precisam se alinhar a princípios..."; a → a = a) (mas: "... precisam se alinhar às regras...");

D. "O apoio da CAIXA a projetos de saneamento...": não ocorre crase antes de palavras masculinas (antes destas, ocorre "a" + "o" = "ao");

E. "A CAIXA (...) está sempre atenta à legislações...": "a" no singular, seguido de plural (teste do masculino: "... atenta a regulamentos..."; a → a = a) (mas: "... atenta às legislações...").

13. B – "... obedecer às orientações...": crase no **objeto indireto** ("obedecer a elas") (teste do masculino: "... obedecer aos regulamentos..."; as → aos = às) (nota adicional: na fala espontânea, tende-se a usar este verbo como **transitivo direto**; porém, na norma-padrão, só está consignado nas gramáticas como **transitivo indireto**); atente-se, pois, no contexto de uso.

COMENTÁRIO(S):

A. "... fica frente a frente...": não ocorre crase entre palavras repetidas (o "a" é mera **preposição** nestes casos);
C. "A noite é muito mais fria...": simples **artigo definido** (aqui, "a noite" é o **sujeito** da oração, não **locução/ adjunto adverbial de tempo**);
D. "... se referem a todos...": não ocorre crase antes de palavras masculinas (antes destas, ocorre "a" + "o" = "ao");
E. "À partir desta semana...": não ocorre crase antes de **verbos**, pois estes não admitem o **artigo definido** "a", segunda condição para a crase.

14. D – "... grafia semelhante à de outra palavra": isto é, "... grafia semelhante à [grafia] de outra palavra", em que o termo entre colchetes fica subentendido (a crase se dá no **complemento nominal**) (teste do masculino: "... modo de grafar semelhante ao de outro vocábulo"; a → ao = à).

15. B – "... tendem a desenvolver uma economia...": o **verbo** "tender" (**termo regente/ antecedente**) rege a **preposição** "a"; se o termo que se segue (**regido/ consequente**) admite o **artigo feminino** "a", sempre ocorre crase, sem exceção, pois aí estão as duas condições obrigatórias para sua ocorrência, por exemplo: "... tendem à promoção de uma economia...").

COMENTÁRIO(S):

A. "... tendem a desenvolver uma economia": omitindo "desenvolver", obtemos "... tendem a uma economia..." (não ocorre crase antes de palavras de sentido indefinido, como **artigo** ou **pronomes indefinidos**), pois estas, logicamente, não admitem o **artigo definido** "a", segunda condição para a crase (teste do masculino: "... tendem a um quadro econômico..."; a → a = a);

C. na verdade, a regra geral é que, diante da maioria dos **pronomes**, não ocorre crase (ocorre somente diante de alguns poucos que admitem o artigo definido "a");

D. somente os verbos **transitivos indiretos** regem a preposição "a", logo somente eles preenchem a primeira condição para a ocorrência da crase.

16. C – "... no combate à violência feminina": o nome (**substantivo**) "combate", formado por **derivação regressiva**, tem natureza transitiva, por isso requer complemento (**nominal**); assim, trata-se de **regência nominal**, e o termo regido ("violência") é uma palavra feminina e somente diante destas pode ocorrer a crase.

COMENTÁRIO(S):

A. O gênero do **termo regente** não define se ocorre ou não crase (para isso, observa-se o gênero do termo **regido**);

B. "... combate a violência" não forma uma expressão (**locução**) e, de todo modo, ambos os termos à esquerda e à direita da **preposição** são **substantivos**;

D. No enunciado, a crase se dá por questão da **regência** do nome "combate", e não de **verbo**.

17. B – "Bateu a porta": **objeto direto** ("bateu-a", quer dizer: jogá-la descuidada, estrondosamente); já "bater à porta" é o mesmo que "bater na porta".

COMENTÁRIO(S):

Nas demais alternativas, a presença ou ausência do acento não causa diferenciação de sentido.

A. "... tenho que pedir à senhora...": o acento é obrigatório, pois trata-se de **objeto indireto** ("tenho de pedir-lhe") (teste do masculino: "... tenho que pedir ao senhor"; a → ao = à);

C. "Agradeço a/ à minha avó...": a crase é facultativa antes de **pronomes possessivos**, exceto quando estes ocorrem desacompanhados de **substantivo** ou quando integram uma **locução adverbial** (teste do masculino: "Agradeço a/ ao meu avô...");

D. "... ofereça a/ à Isabela...": a crase é facultativa diante de nomes próprios femininos (desde que não se refiram a vultos históricos ou nomes hagiográficos).

18. A – No enunciado, em "... fui à estante de livros", ocorre crase no **adjunto adverbial de lugar** (teste do masculino: "... fui ao armário..."; a → ao = à); o mesmo se dá em "Vou à floresta..." (teste do masculino: "Vou ao bosque...").

COMENTÁRIO(S):

B. "Às vezes tenho a impressão...": acento na **locução adverbial** (**de tempo**), embora não ocorra a crase em si;

C. "... disse de uma cebola igual àquela que lhe causou...": isto é, "igual a aquela" ("a" + **pronome demonstrativo**, crase eufônica);

D. "... florescia à frente de sua casa...": acento na **locução prepositiva** formada por núcleo/ palavra feminina, embora não ocorra a crase em si.

Nota adicional: na última alternativa, "à frente de" é uma **locução prepositiva**, e "à frente de sua casa", **adjunto adverbial** (**de lugar**); note-se, entretanto, que não ocorre a crase (o acento apenas indica que o "a" é **preposição**), diferentemente do enunciado e da primeira alternativa, onde a crase resulta da **regência** do **verbo** "ir" (**intransitivo**, porém seguido de complemento circunstancial).

19. E – Em "abraçar a vida", "a vida" é **objeto direto** ("abraçá-la"), logo o "a" é mero **artigo definido**; já em "... a vida é muito...", "a vida" é o **sujeito** da oração (da mesma forma, o "a" é mero **artigo**).

COMENTÁRIO(S):

A. "... ir à luta com determinação": crase no **adjunto adverbial** (teste do masculino: "... ir ao combate..."; a → ao = à);

C. "... o mundo pertence a quem se atreve": não ocorre crase antes de **pronomes relativos**, exceto de "qual(is)" ("quem" é neutro quanto a gênero, portanto não admite o **artigo definido** "a", segunda condição para a crase).

20. C – "... café durante a noite": mero **artigo definido** (teste do masculino: "... durante o dia"; a → o = a) (falta, portanto, a **preposição**, primeira condição para a crase).

COMENTÁRIO(S):

A. "À medida que...": acento na **locução conjuntiva** (**proporcional**), embora não ocorra a crase em si (convém relembrar: só existem duas **locuções conjuntivas craseadas**, ambas proporcionais; a outra é "à proporção que");

B. "... se veste à moda antiga": crase no **adjunto adverbial** (**de modo**) (teste do masculino: "... se veste ao estilo antigo"; a → ao = à);

D. "Usava roupas à Antônio Bandeiras": isto é, "à (moda) de Antônio..." ("... ao estilo").

21. D – "... liga M. Gerais à Bahia": o topônimo "Bahia" admite o **artigo definido** "a", e o **termo antecedente** rege a preposição "a" ("ligar a"), logo temos a fusão de "a" + "a". Relembrando: os dois únicos nomes de Estados brasileiros diante dos quais ocorre crase são "Bahia" e "Paraíba".

COMENTÁRIO(S):

A. "... marcada para as 12:00h": não ocorre crase após **preposição** (exceto de "até", facultativamente); compare-se, porém: "A reunião será às 12:00h.";
B. "... está localizado a 5 km...": não ocorre crase antes de **numerais** não determinados;
C. "... precisou viajar a Recife": "Vou a Recife, volto de Recife", "Moro em Recife" ("Vou a, volto da, crase há; vou a, volto de, crase pra quê?");
E. "... prefiro carne a peixe": não ocorre crase antes de palavras masculinas (antes destas, ocorre "a" + "o" = "ao").

22. A – "... coloca um banco inteiro à disposição dos...": acento na **locução prepositiva** formada por núcleo/ palavra feminina (enunciado); em "O funcionário está à disposição", o acento ocorre na **locução/ adjunto adverbial** (**de modo**).

COMENTÁRIO(S):

B. "... mudaram a disposição dos equipamentos": trata-se de mero **artigo definido** (teste do masculino: "... mudaram o posicionamento..."; a → o = a);
C. "... está a seu dispor...": não ocorre crase antes de palavras masculinas (antes destas, ocorre "a" + "o" = "ao") ("dispor" é verbo, mas aparece aqui substantivado);
D. "... precisa melhorar a disposição das salas": novamente, simples **artigo definido** (teste do masculino: "... melhorar o arranjo das salas"; a → o = a);
E. "... disposto a ajudar...": não ocorre crase antes de **verbos**, pois estes não admitem o **artigo definido** "a", segunda condição para a crase.

23. E – "Desejo sucesso àquela menina": crase do "a" (**preposição**) + o "a" inicial do **pronome demonstrativo** (crase eufônica), isto é, "... sucesso a aquela menina". Convém relembrar: no caso dos **pronomes demonstrativos** "aquilo", "aquele" (e variações), o acento ocorre mesmo no masculino: "Desejo sucesso àquele menino".

COMENTÁRIO(S):

A. "Ela se referia a ambas as notícias": o "a" é simples **artigo definido** (teste do masculino: "... se referia a ambos os fatos..."; a → a = a);
B. "... entregou a mercadoria ontem...": o "a" é simples **artigo definido** (**objeto direto**: "entregou-a") (teste do masculino: "... entregou o produto..."; a → o = ao) / "... ontem, às 11h": o acento é obrigatório na indicação de hora(s) (**locução adverbial de tempo**, embora não ocorra a crase em si);
C. "Enviei uma carta à loja...": crase no **objeto indireto** ("enviei a ela") (teste do masculino: "... carta ao comércio..."; a → ao = à) / "... espero que respondam a ela...": não ocorre crase diante de **pronomes pessoais** (nem tampouco diante da maioria deles em geral, exceto os poucos que admitem o **artigo definido**) (teste do masculino: "... espero que respondam a ele..."; → a = a);
D. "Não há motivos para toda aquela discussão": "aquela", aqui, não se funde com a **preposição** "a", pois esta não é exigida pelo **termo antecedente**.

24. D – "... se misturou à caldeira de fogo...": trata-se de crase regencial, pois o **termo regente/ antecedente** ("misturar-se") rege a **preposição** "a" ("aquilo que se mistura, mistura-se a algo"), e o **termo regido** admite o **artigo definido** ("a caldeira") (teste do masculino: "... se misturou ao caldeirão de fogo...").

25. B – "... pode ser um incentivo à realização...": crase no **complemento nominal** (teste do masculino: "... incentivo ao empreendimento..."; a → ao = à).

COMENTÁRIO(S):

A. "... interessa a toda produção suína": não ocorre crase antes de palavras indefinidas (**artigo**, **pronomes indefinidos**), pois estas, por questão de lógica, não admitem o **artigo definido** "a", segunda condição para a crase (teste do masculino: "... interessa a todo produto suíno"; a → a = a);

C. "... movimenta desde células a tecidos...": não ocorre crase antes de palavras masculinas (antes destas, ocorre "a" + "o" = "ao");

D. "... levou algumas pessoas a suscitarem...": não ocorre crase antes de **verbos**, pois estes não admitem o **artigo definido** "a" (a segunda condição...).

26. C – "... já foi à Bahia...": como vimos em bastantes exercícios anteriores, os dois únicos Estados brasileiros que admitem a crase são "Bahia" e "Paraíba", mas não é demais relembrar: "Vou a, volto da, crase há": "Vou à Bahia, volto da Bahia".

COMENTÁRIO(S):

A. "Pedro já foi a Paris": o topônimo não admite o **artigo definido** "a", segunda condição para a crase ("Vou a Paris, volto de Paris") ("Vou a, volto de, crase pra quê?");

B. "Ministro altera a regra...": o "a" é simples **artigo definido** (**objeto direto**: "altera-a") (teste do masculino: "Ministro altera o critério..."; a → o = a);

D. "trabalha de segunda a sexta...": na correlação "de... a" (isto é, "de... até"), não ocorre crase (teste do masculino: "... de segunda a sábado"; a → a = a) / "... das 9h às 18h": já na correlação "da(s)... a(s)" (isto é, "da... até a"), a crase é de rigor;

E. "... vai a Roma": o topônimo não admite o **artigo definido** "a" (a segunda condição...): "Vou a Roma, volto de Roma").

27. A – "... a educação a distância é tão eficiente quanto a ofertada numa sala de aula...": sem o acento, pois trata-se de mero **artigo** (teste do masculino: "... o ensino a distância é tão eficiente quanto o [ensino] ofertado..."; a → o = a).

COMENTÁRIO(S):

B. "... traz novamente à tona uma discussão": acento na **locução adverbial** (**de lugar**), embora não ocorra a crase em si;

C. "... há resistência em relação à qualidade e à validade...": crase no **complemento nominal** (teste do masculino: "... em relação ao atributo e ao valor..."; a → ao = à);

D. "... sem nada dever àquela vivenciada...": isto é, **preposição** "a" + o "a" inicial do **pronome demonstrativo** "aquela" (isto é, "... sem nada dever a aquela..."; crase eufônica).

28. D – "... endereçou à bola...": crase no **objeto indireto** ("endereçou-lhe/ a ela") (teste do masculino: "... endereçou ao brinquedo um olhar..."; a → ao = à).

COMENTÁRIO(S):

A. "... destina a jovens...": não ocorre crase diante de **substantivos** tomados em sentido indeterminado (além disso, no contexto, "jovens" se refere tanto a homens quanto a mulheres);

B. "... acostumado a vários brinquedos...": não ocorre crase antes de palavras masculinas (antes destas, ocorre "a" + "o" = "ao");

C. "... preferia um jogo... a uma bola": não ocorre crase antes de palavras de sentido indeterminado (**artigo**, **pronomes indefinidos**), pois estas, logicamente, não admitem o **artigo definido** "a", segunda condição para a crase (teste do masculino: "... preferia um jogo a um brinquedo"; a → a = a);

E. "... como a procurar...": não ocorre crase antes de **verbos**, pois estes não admitem o **artigo definido** "a" (a segunda condição...).

29. C – "Graças à leitura de...": crase no **complemento nominal** (teste do masculino: "Graças ao exame de..."; a → ao = à) / "... referente às angústias...": idem (teste do masculino: "... referente aos medos...") / "O livro chegou a essa pessoa...": não ocorre crase antes de **pronomes demonstrativos** (ou de **pronomes** em geral, exceto alguns poucos que admitem o **artigo definido** "a" (teste do masculino: "O livro chegou a esse indivíduo..."; a → a = a).

30. E – No enunciado, onde se lê: "... contou à Rádio Caracol", empregou-se a crase no **objeto indireto** ("contou-lhe/ contou a ela") (Cp.: "... contou ao canal..."); o mesmo ocorre em "A entrevista foi dada à [Rádio/ Rede] Globo".

COMENTÁRIO(S):

A. "Vamos à universidade...": Cp.: "Vamos ao colégio" (crase no **adjunto adverbial de lugar**);
B. "Maria referiu-se àquele homem...": isto é, "... referiu-se a àquele homem" ("a" + **pronome demonstrativo**) (crase eufônica);
C. "... levantava às sete...": acento na **locução adverbial** (**de tempo**), indicando hora(s), mesmo que não ocorra a crase em si;
D. "Adoro bife à [moda] milanesa": crase onde se subentende a palavra "moda" (teste do masculino: "... ao estilo milanês").

Bibliografia

ANDRÉ, Hildebrando A de. **Gramática Ilustrada.** São Paulo: Moderna, 1997.

BECHARA, Evanildo. **Moderna gramática portuguesa**. São Paulo: Nacional, 1995.

CEGALLA, Domingos Paschoal. **Novíssima gramática da língua portuguesa**. São Paulo: Cia EditoraNacional, 2022.

FERREIRA, Mauro. **Gramática: aprender e praticar.** São Paulo: FTD, s/d. 2019

LUFT, Celso P. **Novo guia ortográfico**. Porto Alegre: Globo, 1993.

MADUREIRA, Ricardo. **Análise sintática: teoria, contexto e aplicação.** Curitiba: Appris, 2022.

______ **Português essencial**. Rio de Janeiro: Ciência Moderna, 2016.

ROCHA LIMA, Carlos Henrique da. **Gramática normativa da língua portuguesa**. Rio de Janeiro: Briguiet,1993.

ROSSIGNOLI, W. **Português, teoria e prática.** Ática: São Paulo, 2006.

Impressão e acabamento
Gráfica da Editora Ciência Moderna Ltda.
Tel: (21) 2201-6662